冨樫森 著

俳優の演技術

映画監督が教える
脚本の読み方
役の作り方

フィルムアート社

はじめに

あなたは現在どんな状況で演技と向き合っていますか。俳優に憧れてはいるけどまだ演技経験はない、レッスンを始めたばかり、もう何年も劇団で芝居を続けている、などさまざまだと思います。この本を手に取っているからには、演技の魅力を何かしら感じている人がほとんどでしょう。

さて、現在の日本に、演技を学ぶ人たちが自分が今全体のどのレベルで演技ができているのかを判断する基準は存在しません。だから「アイツ売れたなぁ」とか「主役をゲットしたぜ」とか「オーディションで落ちた」などが演技の上手い下手の判断材料になっているわけです。この状況、実は日本の特殊事情なのを皆さんご存じでしょうか。欧米では世界的に権威を認められた演技学校が俳優を目指す学生たちをそれぞれの指針の元で段階的に教育し、そこで上級者と認められた優秀な人たちがプロの俳優として活躍できるというルートができ上がっています。

日本の演技学校はというと、新国立劇場に養成所がありますが、初心者には門戸が開かれていません。「クールジャパン」と叫んでソフトのグローバルな拡大には力を注いでいるのに、肝心の若い担い手たちを日本という国は応援していないのです。では俳優になりたいと思い立った若者がどこに行くかというと、俳優科のある高校や私立大学、新劇の養成所、芸能プロのタレントスクールや街場のワークショップなどです。そこではそれぞれの演出家や演技トレーナーのさまざまな指導が繰り返される状況で、どこでも共通に使えるこれが演技の基礎だと呼べるものが確定されてはいません。

映画やテレビドラマ、舞台でもそうですが、現場で作品作りに向かっているとき、あなたの演技に対して「違う！」とダメ出しはあっても、その原因や対処法を教えてくれる人はいません。また日々の稽古や学校の練習でもダメ出しをされます。それはそれで納得のいく素晴らしい意見だったとしても、頭の中に注意点がバラバラに存在する状態になっているわけです。ランダムなダメ出しを次に生かすには、道筋が必要です。

例えば俳優を夢見る少女が「けれど一体どんなことを勉強すれば女優になれるんだろう？」と、途方に暮れる姿が目に浮かびます。歌手やアイドルで売れれば俳優になれる、映画に出られるというのはどうもオカシイと感じますよね。本当に俳優になりたい若者は何から勉強したらいいのでしょう？

私はこれまで映画の現場で数多くの俳優さんたちと接し、ここ何年か俳優を目指す人たちに演技を教えてきました。レッスンを繰り返す中で当たり前ですが、演技するとはどういうことかを考え、「いい演技」をするために必要なこと、大事だと思うことが、自分の中でまとまりを持ち始めたのです。そしてそれを順序づけるべきだとも気づきました。

街には演技の本がたくさん見受けられますが、どれを見ても私が大事だと思うことを述べているものは存在しません。私は演技とは「脚本で役の人物が要求されていることを捉え、その人物になれるかどうか」が最も大切なことだと考えます。その人物になる方法についてはメソッド始め多くの演技論が出ていますが、脚本からその人物がどうあるべきかを読み取る方法は示されていないのが実情です。役の人物の捉え方がずれていたり、浅かったりするときに、その人になる方法は意味をなさないはずです。

長年俳優を目指す人たちに接してきて、彼らに最も足りないのがこの「脚本を読み解く力」であることに気づきました。まず、その方法を示そうというのがこの本の狙いです。また脚本を読み、演技するまでの流れに順序を与え、役の人物になる方法をより体得しやすく考えたというのがもうひとつの特徴です。

こんな思いでいたとき、サッカーの元全日本代表監督の岡田武史さんがテレビで話していました。海外の指導者が選手にサッカーを教えるとき、例えばスペインにはスペイン独自のサッカーの型《かた》があり、まずそれを教えるのだというのです。ブラジルにはブラジルの、イングランドにはイングランドの型があって、それを教える。これに岡田さんがはっと驚く。つまり日本サッカーに未だ型はないのだ、と気づいたのです。型とはその国民の身体と思考・感情に根ざした勝つための試合方法とトレーニング方法です。ないならこれから日本の型を作ろう、というのが現在岡田さんが取り組んでいることでした。私は、ああ私が今やろうとしていることはまさしくこれだと思いました。おこがましいですが、そう思ったのです。未だ確立されてない日本の演技法の中に、私なりのひとつの「型」を示そうというのが、この本での私のささやかな試みです。

俳優を夢見る人、目指す人、演技を学び楽しみ実践し、悩み迷っている人々に、この本を読めば何らかの指針を探ることができる、本当に基礎的な演技方法を提供しようと思っているのです。

では、始めましょう。

第2章 役へのアプローチ

第3章

場面《シーン》ごとに役を捉える

第4章 サブテキスト・バックグラウンドから台詞と動作を考える

第5章 いざ、本番

第6章 日々の実践方法

sachtler

第1章

脚本を深く読み取る

俳優とは

そもそも映画とは何でしょうか？　光と影の芸術と呼ばれていたり、現実ではありえない夢を叶えてくれるものだったり、人それぞれ好みや立場によって答えが違うだろうと思います。

作る側の私は、映画とはそれまでこの世界に存在しなかった人間を創り出し、その人のお話を語ることであると思います。神様に代わって、新しい人間をクリエイトすることなのです。これはテレビドラマや演劇の場合も基本的には同じです。そこで俳優は何をするのかというと、「役の人物の台詞を言って行動し、自分の肉体を使って脚本が要求する人間をこの世界に存在させる」。これが私の考える俳優の仕事です。

例えば、あなたが昔から好きな映画を1本思い出してみて下さい。私の世代だと皆さんが知っている『ローマの休日』がすぐに出てきますが、その作品の何を思い出すのかというと、オードリー・ヘップバーンの輝く笑顔やグレゴリー・ペックのすらりとした立ち姿です。どこの場面のどことというのではなく、その2人の存在そのものが心の中に残っている。映画とは結局そんなふうに登場人物の人間としての魅力を受け取るものなんだと思います。好きな映画をもう1回見に行くのは、映画の中の好きな人にもう一度会いたいからなんですね。あなたの好きなテレビドラマや、忘れられない舞台を思い返してみて下さい。私の言っていることがわかると思います。つまり脚本で要求された人物を魅力的に存在させることができるかどうかが、いい俳優の条件になってくるわけです。

オーディションや俳優養成のためのワークショップなどで、よく脚本から抜粋したA4のコピーを1枚渡されて「はい、この場面のこの役を演じて下さい」と言われます。何を期待されているのかはっきりとはわからないまま、こんなことだろうと想像して演技をするわけです。でも実はこれでは、見た目とある程度の芝居の対応力くらいしかわかりません。タレントの素質の有無はわかっても、トータルの俳優としての力は見抜けてはいない。なぜなら現実にペラ1枚だけで芝居することはありませんからね。

映画の現場や舞台の上では脚本1冊を元にして、芝居が行われます。そこでは俳優がそれぞれ自分で脚本がどのような人物を要求しているのかを読み取るのです。

私は映画作りに携わって30年以上になりますが、経験上いい俳優とは「ホン（脚本）の読める役者」のことです。この「読める」とは「脚本の核心がわかっている」という意味です。事実、撮影現場での主演俳優さんたちのほとんどは、脚本とその役の人物の理解が監督に比べて劣っていることが、まずありませんでした。これが普通のことであって、主役の芝居に監督がいちいちダメを出すようでは困った事態なのです。

しかし、このことはなぜかほとんど知られていないように思います。あまりに当たり前のことなので今さら言われないのか、すでに脚本の読解力が身に付いた役者がキャスティングされるからなのか。いずれにせよ大事なことは、「ホン(脚本)は読めることが前提になっている」ということです。

ところが、です。私が日頃ワークショップやオーディションなどで接する若者たちを見ると、それができていない人が驚くほど多い。「おいおい、ホン読めなくちゃ芝居にならんぞー!」と、何度ため息をついたことか知れません。

演技とは脚本の捉え方のこと

これは他の映画監督たちも同じだと思いますが、撮影現場で、俳優が自分が想定した演技よりも素晴らしいものを出してくれた瞬間ほど「ヤッターッ!」と叫びたくなることはありません。

私のデビュー作、映画『非・バランス』では、俳優の小日向文世さんに出演してもらいました。いじめのトラウマから抜け出せない主人公の女子中学生に、生きる勇気を与える「オカマの菊ちゃん」という役でしたが、小日向さんの芝居は私が考えた普通で、どこかで見たことのあるような人物ではなく、想像をはるかに超えて明るくぶっ飛んでいました。おかげで菊ちゃんは数段光輝くキラキラした存在になったのです。小日向さんはこの映画の脚本とその人物像をそう読み取ったのですね。

また助監督の頃、余貴美子さんと仕事をしたことがあります。余さんは居酒屋の客・三宅裕司さんの10年前に消えた元女房役でした。合わせる顔がない余さんを、三宅さんが居酒屋の主人である萩原健一さんに引き合わせる場面です。リハーサルしたところ、余さんはカウンターに座った途端、とんでもなくバカでかい大声で笑ったのです。そんなト書きは

『非・バランス』
© 魚住直子・講談社／メディアボックス

台本にはありません。これには監督も共演陣も途端にハッとなり、セット中が静まり返りました。なぜなら、その下品な馬鹿笑いが、この女性の育ちや10年間の境遇、このような笑いで媚を売るしかない人生を一挙に感じさせ、感動的で、そしてそんな芝居のできる余貴美子という女優の力量に全員が驚いたからです。

もう一度言いますが、シナリオに「大声で馬鹿笑いする」なんて、どこにも書いてないのです。余さんがホンをそう読んだのです。

2人とも、演技そのものというよりも、脚本の捉え方が凡人と違ったのです。このような俳優とまた仕事をしたくなるのは当然でしょう。その場の誰よりも面白いことを考えているのですから。

全く逆の場合もあります。最近撮影した作品でのことですが、主演俳優が自分の役を我々（プロデューサー、脚本家、監督ほか、これまでに脚本を作って準備してきた人たち）の思いとは違う、正義のヒーローのような捉え方をしてきたことがありました。我々は「しがないオッサンが最後にあがいて意地を見せるような役」だと考えていたので、大きな行き違いが生じてしまったのです。幸いリハーサル時にわかり、本番までには修正することができました。想像できると思いますが、俳優が一生懸命考えてきた人物像を変えるのは、相当大変なことなのです。

脚本の読解力を鍛える

なぜ、こんなことが起こるのでしょうか？　それは脚本の形式に原因があります。映画やドラマ・舞台の脚本を手にしたり読んだりしたことがある人にはわかると思いますが、脚本には、場面設定の他に、登場人物の台詞と行為（行動、仕草など）が書いてあります。そして、実はそれしか書かれていないのです。

例えば、ある人が相手を殴る場面があるとします。そこには殴る行為は書いてあっても、なぜ殴ったのかや、殴るまでの感情の細かな変化といった演技する上での大切な内面のことは書かれていないのです。人物1人1人の性格や行動理由なども書いてあるわけではないのです。それは読む人が読み取るしかない。

後ほど詳しく述べますが、脚本とは全てを書かないことによって、全てを獲得する。限定して詳しく書かないことによって、豊かなバックグラウンドを獲得する。そういう形式でできているものなのです。だから、読解力の差が、演技に表れてしまうことになるわけです。

しかし、現在の日本でこの読解力を鍛えてくれる場所は残念ながら見当たりません。

各々の現場で受け取った脚本ごとに、それを読む力を自分ひとりでつけなさい、と暗に言われているわけです。「そうなんだ、だったらわからなくても仕方がない。読解って結局国語の力みたいなもので、あまり得意じゃないしな」と思ったりしていませんか？　あとで誰かに聞きますか？　この場面のこの人はこんな感情を持っていて、というふうには、誰も教えてくれません。自分でやるしかないのです。

これは俳優が避けて通れる道ではありません。私は脚本の読解とは最終的に「人間力」が試されているのだと思います。「ここに書いてあることが1人の人間として理解できますか?」「この人の生き方をあなたはどう思いますか?」と問われているのです。試験に合格する受験テクニックではありません。人と人との関係性をつかむ力のことなのです。

この大事な力を、日頃から養おうとするのが私の大きな狙いの1つです。つまり、脚本がどんな人物を要求していて、それを魅力的に表現するにはどうしたらいいかがわかる力です。

俳優の仕事が技術職だとして、同じレベルの演技技術を持つ2人の俳優がいたとき、何で差がつくか。それはその人が持つ人柄・個性のようなもの、それと脚本の読解力です。人柄や個性のようなものがある種天与の才の割合が高いものであるなら、残るのはこの読解力です。その差が、演技にはっきりと現れます。

逆に言えば日本の俳優養成の状況を考えると、この力を鍛えればライバルから頭ひとつ抜け出ることができるはずです。あなたが鍛えるべきは、まずこの力なのです。声や身体のトレーニングも大事ですし、自意識をコントロールする訓練や、自己を開放する訓練も大事です。しかし、常に基礎となってくるのがこの力なのです。本書でなぜ脚本の話から始めるのかがわかって頂けたと思います。

このように、演技論を何から語り始めるかは、その人が大事にしているものによって決まってきます。鴻上尚史さんは「自意識と集中の輪」という章から始めることで、演じるときの自意識との付き合い方を最初に語っています（『演技と演出のレッスン—魅力的な俳優になるために』白水社、2011）。これは現代の演技論の元を作ったロシアの俳優、演出家のスタニスラフスキイに準じているわけです。私がここで大事にするのは、演技する以前の土台作りだと思って下さい。

脚本は映画の設計図

では、私たちが前提にしている脚本とはそもそも何かを話しておきましょう。

脚本とは脚本家・シナリオライターが書いた「映画を作るための設計図」であり、場面設定及び登場人物の台詞と行為が書いてあるものです。

まず、脚本がどんな要素で成り立っているのか、28-29ページの説明図で見てみましょう。脚本は、

①柱
②ト書き
③台詞
④余白

の4つの要素でできています。

①の柱とは聞き慣れない言い方ですが、そう呼びます。

②のト書きとは、「と(ト)、~する」という書き方から、この地の文をト書きと呼ぶようになりました。シナリオの学校では、ト書きに心理描写・感情説明はしないように教えることが多いようです。それに演劇の脚本を読めば一目でわかりますが、ほとんど、必要最低限のト書きのみ、あとは全部台詞です。しかし、この制約に反して、こんなことを書き込む脚本家もいます。日本を代表する脚本家の田中陽造さんの『セーラー服と機関銃』(相米慎二監督、1981年)の脚本シーン28には、「(ト書き) マユミ、笑う。笑うと寂

しい顔になる。」とあります。見事なト書きだと思います。マユミさんの人生が見えるようですね。けれど、どう映像化するのかは監督と役者に任せられていて、非常に挑戦的なト書きでもあります。

また次は世界映画史に燦然と輝く『カサブランカ』の、最も有名なシーンの最も有名な台詞が出てくる箇所です。『カサブランカ』では重要なところは心理描写されている場合が多いのです。

イルザ　「ひいて頂戴、サム。『時の過ぎゆくままに』を」
サ　ム　「思い出せませんです、ミス・イルザ。長いことひかなかったので、すこし記憶が鈍ってしまいました」
もちろん、彼にはひけるのだ。ひきたくないだけなのである。しかも彼はおびえているようにさえ見える。

『カサブランカ』（ハワード・コック著、隅田たけ子訳、新書館、1992年第5刷）より

③が台詞です。これは説明は要りませんね。

そして最後に、上半分を使っている④余白です。ここにメモをして下さい、とわざわ

①柱
シーンナンバー、場所、日時及び時間設定。

②ト書き
場面設定の補足説明や登場人物の行為・行動・仕草などを必要に応じて書き込む。全ての行為・行動を書き込めるわけではなく、人物の心理も流れに合わせて述べてはいない。

#22 七尾家・風呂場

セイ、湯船に足を伸ばして、おちんちんに手を置いてぼーっとしている。

セイ「なんでこんなとこについてんの？　手伸ばすとちょうどそこにあるやん。さわるな言うてもムリや。ほら」

と目を閉じる。

ナオコ「あんた顔色悪いよ。真っ赤や」

セイ、パッと目を開き、股間を見て「!?」となって、

セイ「大きなってる！（尻をもぞもぞさせて）あ、あかんて……あっ!?」

が、フーッと息をついて満足そうに頷く。精液がぽわーんと浮かんで来る。

#23 同・脱衣場

脚本の説明図 ※映画『ごめん』(監督・冨樫森/脚本・山田耕大、2002年)シーン22〜24から一部抜粋

③台詞

④余白
ここにメモを書き込む。

このように台詞の中にト書きが侵入する場合もある。

セイ、何食わぬ顔でバスタオルで体を拭いている。
風呂場から、お湯が浴槽から流れる音が聞こえている。
と、トイレから結芽が出て来て、洗面台で手を洗うが、お湯を抜いてる音に気づき、

結芽「あんた、なんでお湯抜いてんの?」
セイ「う、うん」

\# 24 松の実小学校・六年二組・教室(放課後)

セイ、ニャンコ、窓際に立っている。

ニャンコ「……それは恋だな」
セイ「恋? これが恋なん?」
ニャンコ「会いたい?」
セイ「(しみじみと) 会いたい」
ニャンコ「会えば?」
セイ「かて……」

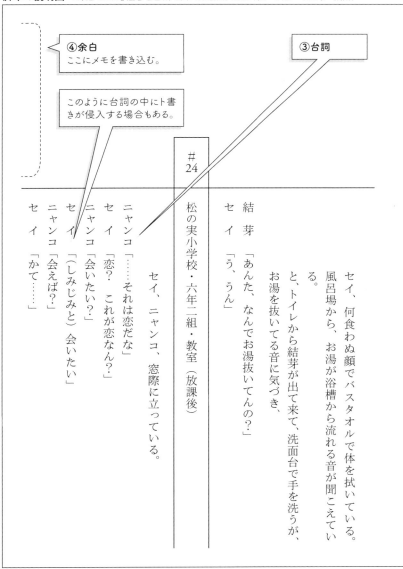

ざ空けてあるのです。私の『鉄人28号』のときに、香川照之さんの台本を覗いたことがありますが、ほぼ全ページに本当に丁寧にメモや覚え書きが書き込まれていました。同じことですが、ブラスバンド部の部員たちの楽譜を見たことがありますか？　余白を使って、見事に書き込みだらけです。

1冊の脚本ができるまで

この脚本を実際に書くのが脚本家であり、シナリオライターと呼ばれる人たちです。1人で書くこともあるし、複数の人が関わることもあります。前述の『非・バランス』は、自身が監督もする風間志織さんに書いてもらいました。

流れとしてはまず、原作があり、映画化するためのシノプシスを風間さんが書きます。それを読んだ監督の私とプロデューサーの3人で打ち合わせをして、それを元にライターがシナリオ（脚本形式のもの）の第1稿（初稿）にしていきます。

それをまた、監督とプロデューサーが読んで3人が集まって話をし、ここは良くてここはダメだからこういう方向にしようと決め、それを元にまたライターが持ち帰って、しばらくしたあとに第2稿が上がってくる。よし、この辺いろいろ調べ物をしなくては、と新宿2丁目のゲイバーに取材に行ったり、いじめ関連の資料を漁ったり……。
第3稿になり、また3人が集まって……と、これを20回近く繰り返し、1年以上かけて『非・バランス』の脚本はでき上がりました。この改訂作業を30回も繰り返す場合もあります。

よく「監督は脚本を書かないのですか？」と質問を受けます。実際に文字を書くわけではありませんが、監督の考えやアイデアはこのような形で脚本に反映されているのです。プロデューサーも同じです。どんな映画にしたいのか、という脚本に方向性を与える重要な役割ですが、脚本に自分の考えを入れることで方向付けを行っているのです。

また、ライターが2人いる場合があります。最初に書いていた人が行き詰まったり、何らかの理由で2人3人と増える場合もあります。黒澤明監督が『天国と地獄』を書いたときは4人のライターがいました（！）。黒澤監督は当時の最も優秀なライターを4人集めて、片方2人組には犯人としてどう逃げるかを考えさせ、もう片方には刑事になって逃げる犯人を追いつめる方法を考えさせたそうです。なんとも面白い、そして贅沢なエピソードです。

このように脚本にはさまざまな人々の長い間の努力、調査、願いなど、たくさんの思いが込められています。

脚本の呼び方

この脚本が俳優陣やスタッフの手に渡る頃、つまり撮影の現場が近づくと、いつしか「台本」と呼ばれるようになります。現場では「おーい、監督の台本どっかになーい？」となり、もはや脚本・シナリオとは呼ばれません（なぜかはわかりませんが）。

さらに、私もこれまで混同して書いていますが、「ホン」と呼ばれることもあります。脚本（きゃくほん）を略してホンですが、現場で芝居ができない俳優に「お前、ホン読んで来たのか?!」と怒る場合には、「ホン」という響きの中に「基本的なこと」や「元になること」、「本当のこと」などの意味が含まれています。映画に携わる人間が「ホン」と言うとき、そこには「その作品の核心が書いてある大切なもの」という意味を含むのです。

また昔は映画のことを「活動写真」と呼び、略して「写真」と呼んでいました。この言い方、今は全く使われませんが、私が助監督の頃、相米慎二監督作品に欠かせない照明の熊谷秀夫さんが実際に「あれはいい写真やったな」と口にするのを聞いたときは、なんてカッコいい呼び方なんだと感じたものです。熊谷さんの「写真」という物言いには、「真実を写すもの」というニュアンスが含まれていたからです。

撮影現場では、スタッフ・キャスト全員が1人1冊ずつ台本を持っています。この脚本・台本を中心にみんなが集合し、映画作りが行われるわけです。

「いい演技」とは何か？

こうして見てくると、漠然と「いい演技」が存在するのではないことに気づきます。1つの脚本とそれに対する演出があり、その中の役で1つの場面を演じるときに「この芝居はいい芝居だ」と言うことができるだけなのです。脚本の目指す方向に合致して初めて、良い・悪いが言えるのです。

では、私が（この本で）前提にしている「いい演技」とは一体どういうものなのか？ それは脚本の役の人物と、演じる俳優が同一に見えるということです。「今の芝居は素晴らしい。まるで演技には見えなかった！」と評価されるとき、「いい演技」がそこにあります。別の言葉で言えば、俳優が演技することで提出した何事かが、役の人物の持つ真実を示している、ということです。この本の中で私が目指すのは、この方向の演技です。これは特に目新しいことを述べているのではありません。

能や歌舞伎といった日本の伝統芸能に対して、明治期の新劇活動の基本的拠り所であるスタニスラフスキィの演技理論からもたらされた演技方法が、現在日本で一般的に行われている演技の基礎であると思います。メソッドを経由しさまざまな様式を取り入れながら、日々発展しつつある演技方法の基礎がそこにありますし、私もその流れに沿っているつもりです。

しかし逆に、例えば北野武さんはどの作品に出ても北野武でしかありませんが、「すごい演技、いい芝居」だと言われます。どこまでも演技でしかないのに、そこに力がある場合や、ある種の素晴らしさがある場合は「いい演技」と言われます。それはそれで羨ましいことではありますが、私はこれからこのような強烈な魅力や個性をまだ持っていない俳優や俳優の卵たちに向けて、「いい演技」をするために必要なことを伝えていこうと思っています。

ただし、「いい演技」イコール「リアル」と言っているわけではありません。リアルだけど、つまらない芝居はたくさん見受けられます。そうではなく、魅力的な「いい演技」でありたい。何が魅力的なことだと考えているかは、各章の中で、順次触れていきます。

まずは読んでみて、感じたこと《ファーストインプレッション》を大切にする

では、脚本を読んでみましょう。

ここからは、初めて映画の脚本を読む人にもわかりやすいように、基本的な注意点を述べ、いくつかのキーワードを使ってあなたが感じ取ったことを明確にする作業をしていきます。

まず、脚本を1冊、手にとって読んでみて下さい。あまり勉強だとか訓練だとか思わないで、力を抜いて読み始めてみたらいいと思います。まずは好きな漫画か小説などのように読んでみていいのです。大事なのは、「あなたが脚本から感じたのはどんなことだったのか」です。

この最初の印象（ファーストインプレッション）が、あなたとこの脚本の作品との関わりを決定付けます。面白かったのか、つまらなかったのか、つまらなくはなかったけど別に感動はしなかったのか。十人十色の感想があるのが当たり前で、世間一般の評判通りに自分が感じなかったとしても、いちいち落ち込まなくて大丈夫です。

最初の印象は最後まで拭えないものです。というか、その印象からはみ出すことはほとんどないと言っていい。芥川比呂志さんもエッセイ（『ハムレット役者』、講談社文芸文庫、２００７年）

に書いていますが、最初の読みをとても大切にしてらっしゃいました。実はそこで得た感動が人生の大きな喜び、楽しみでもあるんですね。感動とまで大げさに言わなくても、そこで感じた情緒や可笑しみのようなものが日々の生活の潤いでもあるでしょう。

脚本を手に取ってみましょう。読み終わったら立ち止まって、思ったことをちょっとでいいから考える。メモをとってもいいし、それがわずらわしかったらぼんやりと頭に置いておくだけでもいいと思います。面白かった。泣いた。途中で眠くなった。主人公が何を考えているのかわからない。都合よすぎ。最初はいいんだけど、後半なんでああなるの。古い、ダサイ。どっかで見た話じゃん。まあ、いろいろですね。ただし、この最初の印象にあなたは何度も立ち返ることになるはずです。

脚本を「読み取る」ための4つのヒント

この章のタイトルは「脚本を深く読み取る」です。読み取り方なんてそんなもんがあるのかと言われそうですが、あります。少なくともこれらを押さえていくと「脚本の核心に近づける」ということがあるのです。

核心とは、「作者は一体何が伝えたかったのか」ということです。つまり作者の最もやりたかったことをつかむのです。核心がつかめてくると、もやもやしていた脚本の輪郭がすっきりと見えてくるし、枝葉のようだった細部が俄然輝き出したりします。脚本全体で何をしたいのかがわかってくるのです。

それでは実際にここから単純に読むのではなく、脚本を「読み取っていく」作業を始めます。いくつかのキーワードに沿ってストーリーを振り返ってみます。ここで使うキーワードは、昔からシナリオを書き、分析する人々に向けて考えられてきた〝脚本術〟としての言葉です。それらを私なりに厳選した上で多少解釈を加え、わかりやすく解説してありますので、流れに沿って答えていくと自ずと作品の核心にたどり着けるようになるはずです。まあ、だまされたつもりで（笑）やってみましょう。

1 3行ストーリー

まず、脚本の話を3行でまとめてみましょう。「この脚本はこういう話です」と言い切ってみるのです。大事なのは、主人公を決めて、できるだけ具体的に出来事を並べてみることです。ただし3行なので全ての出来事はもちろん入らない。あなたが大事だと感じた出来事を選ばねばなりません。最初の印象が大切と言った理由の1つがここにあります。

主人公とは誰か？

私は次の3つの要件に当てはまる登場人物が主人公だと思います。

A．劇中で一番苦難を被《こうむ》る人

- 川に不時着して乗客の命を救ったはずなのに、判断ミスだと告発される機長
- 生まれて初めて好きになった女性が、白血病で余命を宣告される高校生

など、あまり説明しなくてもこれはわかると思います。

B．（その結果）一番変化する人

その苦難を経て、人は変わるということです。「寅さん」などもちろん例外有りですが、ほとんどの場合、起こった事件の結果、最初と最後では人間が変わります。たいてい自分のこれまでの生き方の根幹を問い直すことになり、意固地だった自分を捨て、より良い未来に向かって生きてゆこう（笑）とします。

C.（またその結果）その人の目線で観客が作品を見られる人

その人が泣いてるときに一緒に泣きたくなるか、嬉しいときに一緒に嬉しくなるか、ということです。観客が同じ気持ちになった人物のことで、一番苦労する人に感情移入してしまうということですね。

さあ主人公が決まりました。ここから3行で書きますが、その前にまずは映画の話型について述べます。

映画の話型（語り口）

映画を語る方法は基本的に1つです。驚くと思いますが、実は1つしかありません。

1. このように生きてきた人が、
2. このような出来事を経て（誰かと出会って、事件に巻き込まれて、何かに挑戦してなど）、
3. このような人になりました。

という形です。なあんだ、ですね。けれど、多くの人がこの構造をわかっていない。役

者が演じる上での言葉に置き換えれば、「どういうふうに生きてきた人間が、(何を経て)、どうなる話か」です。

1. 引っ込み思案な中学生が、
2. 合唱部に入ってコンクール優勝を目指して頑張ることで、
3. 自己表現ができるようになる。

1. 幼少期のトラウマから他人を信じられず生きてきた凶悪な犯人が、
2. 誘拐した女の優しさに触れて、
3. 改心して、自首する。

この1、2、3をそれぞれ1行ずつ書いてみると、3行でストーリーがまとめられるはずです。1は設定、2は展開、3は結果と言えます。もちろんもっと詳しく分けられますが、この段階ではこの大きなくくりで捉えて下さい。

●
●
●

できましたか？

あなたにとって長く複雑な脚本の流れの中で何が大事なことだったのか、これで少しわかってきたことと思います。この形で3行で言い切ってみると、作品の構造が非常にわかりやすく見えてくるはずです。それが3行ストーリーを書く目的です。

2 「外的葛藤」と「内的葛藤」

3行ストーリーを書くのにヒントになるのがこの「葛藤」というワードです。

「葛藤」とはシナリオの重要な要素で「ああなりたいのに、何かの理由でそうなれない、もどかしい状態」のことです。

ここで言う「外的葛藤」とは、主人公の外側からその人の目標や願望、つまりやりたいことを邪魔するもののことだと思って下さい。敵、外圧、取り巻く状況など、具体的なことが思い浮かぶでしょう。例えば、野球で甲子園に行きたい主人公がいるとき、

- 部内のライバル
- 強敵の甲子園常連校
- ケガ

・勉強優先と考える親の反対

など、いくつかある中で主人公が一番心悩ませた相手・出来事などのことを考えればいいのです。たいてい主人公がこの外的葛藤に対処することで、メインストーリーが進んでいきます。

対して「内的葛藤」とは、主人公が日頃何を考えて生きているのか、ということです。夜、布団に入って寝る直前、主人公はなんとつぶやくのでしょう？ 夜1人になって自分に嘘をつく人はいませんよね。主人公はなんとつぶやきますか？「オレは本当に甲子園に行けるのか？」でしょうか。それとも「何か違うなあ、野球だけやってきてしまったけど音楽にも興味があるしなあ」でしょうか。「マネージャーのモモちゃんがオレに振り向いてくれない」かもしれません。これが「内的葛藤」です。

ここで大事なのは「外的葛藤」が必ずしも「内的葛藤」と一致しない、それどころか主人公は実はもっと別のことを悩んでいる（「内的葛藤」）場合がほとんどだということです。主人公が本来持っているダメな部分・悩みが、「外的葛藤」に対処しているうちにあからさまになるのが映画だ、とでもいいましょうか。先程の「映画の話型（語り口）」の2行目（「このような出来事を経て」）で起こることは、実は主人公の生き方の根幹を揺さぶることになる出来事なのです。

ここで、具体的に私の作品『あの空をおぼえてる』で考えてみましょう。

主人公の英治は妹と共に交通事故に遭い、妹は亡くなり自分は生き残る（外的葛藤）。大けがを治療して病院を退院するが、父と母は事故と妹の死のショックからなかなか抜け出せないでいる（外的葛藤）。英治は自分が立ち直り、父母を元気づけようと一生懸命明るくふるまおうとするが失敗したり、逆効果で悲しい思いをすることになり、どうしたらいいか悩み続ける（内的葛藤）。しかし、作品を見ているとこの英治には何だかすっきりしない感じが残っていて、それが何なのかと思って進行を追っていると、彼には事故のときに経験した両親には言えない秘密があることがわかってくる。それは、父が「妹ではなく英治が死ねばよかった」と言ったという英治の思い込み・誤解なのですが、英治には深い傷として残ってしまっている。この秘密が主人公・英治の本当の内的葛藤だったのだと最後にわかるようになっているのです。

また映画『64-ロクヨン-』（監督：瀬々敬久）は、佐藤浩市さん演じる県警の広報官・三上が、昭和64年に起きた未解決の少女誘拐殺人事件、通称「ロクヨン事件」に関わるうちに、それを模倣した事件が起きるという話でした。この2つの事件が主人公・三上に対しての「外的葛藤」で、彼は警察官としての任務を全うしようとしますが、その過程で見えてくるのは実の娘が家出したまま行方不明であり、そのことが彼を人間的に悩ませ、生活全体に深く影を落としているということでした。これが彼の「内的葛藤」ですね。

内的葛藤をきちんと読みとる

俳優はこの「内的葛藤」をわかっていないといい演技はできません。当たり前ですが、悩んでいる内容が脚本とずれているのではお話にならないわけです。

ところがここで難しいのは、脚本には普通「主人公が悩んでいることはこれです」とは書いてありません（28-29ページの図参照）。台詞やナレーションで直接表してはいませんし、隅のほうにこっそり書いてあるわけでもない。「脚本は映画の設計図である」と言われながら、大事なことが裏にしてあるのです。

もしあなたが『あの空をおぼえてる』で英治を演じるとき、秘密からくる彼の隠された思いがわかっていなくて演じられるはずがありません。『64-ロクヨン-』の場合は、主人公の「内的葛藤」が非常にわかりやすく提示してありますが、彼が任務遂行中に娘のことでどのくらい頭を悩ませているかは、書いてありません。俳優や監督はそこを考えるわけです。

脚本はこのように1つの作品として、俳優とスタッフに読み取ってもらうしかない表現をしています。なぜならそのような方法でしか伝えられない人間の感情を扱っているからなんですね。『あの空をおぼえてる』の英治が山の中をさまよう場面で、彼がどのくらい秘密のことを考えているのかは書いてないのです。『64-ロクヨン-』でも三上がロクヨン事件で娘を亡くした父親に対峙する場面で、彼がどのくらい自分の失踪した娘のことを考えているかは書いてはいません。これまでに脚本に示された事柄から、主人公の内面の感情を推し量るしかないのです。

でき上がった映画も同じで、主人公の抱いた感情や思いをお客さんに感じ取ってもらうのが映画なのです。台詞やナレーションで主人公の気持ちを全部言ってしまう作品がなぜヤボなのか、これでわかると思います。

俳優は役の人物の複雑な内面を持った人として映画に登場し、その役を生きる。その姿を観客は見ることで、登場人物の感情を読み取るのです。それが面白く、楽しいことなのです。そしてその上、この主人公の気持ちはオレだけがわかると思いたいのです。思っていることを全部言われた日にはあからさますぎて応援する気がなくなります（そういう作品、そこら中で見かけますけどね……）。

少し脱線しました。このように脚本に「内的葛藤」つまり主人公の本当の気持ちは書いていません。それを読み取るのが俳優の大事な仕事です。

3

核になる美しさ・素晴らしさ

ここでは、「この脚本は何が美しいと言っているのか？　どういうこと・どういうものが素晴らしいと言っているのか？」について考えてみましょう。

映画というのは具体的な映像の連なりでできています。作者（脚本家や監督たち）が言いたいことを、具体的にキャメラで何かを写すことで、観客に伝えるわけです。前述のように台詞で核心を言ってしまう場合もありますが、それは別として、写したものが命なのです。そしてそれは主人公のなんらかの姿である場合がほとんどです。

さて、脚本の中の何があなたにとって「核になる美しさ・素晴らしさ」だったのかを、思い返して書いてみましょう。面白かった脚本だったら、あなたはすでになんらかの「核になる美しさ・素晴らしさ」を受け取っているはずです。受け取った最初の印象の中に、それが含まれているはずなのです。それは何だったのか。このとき抽象的にではなく、具体的に映っているもので考えることが大切です。

ここについて、わかりやすいヒントを言うと、映画の中ではそれを捉えているときに、たいていテーマ曲がバックに流れます。ここですよと音楽でも伝えるわけですね。そこで観客に感動してほしいのです。

先程の『あの空をおぼえてる』を考えてみて下さい。なんでしょうか？　英治の父母のためを思う健気な姿でしょうか？　両親が事故を乗り越え、次第に明るく回復していく姿でしょうか？　しかし、これだけではもの足りません。英治の内的葛藤や英治の頑張りの根幹にあることが反映されていません。私は「事故のときの秘密がありながら、それを口に出さず、死んだ妹の分も明るく生きて両親を元気にしなくちゃならないと頑張る英治の姿」だと思います。そう思って撮りました。

また小津安二郎監督のあまりにも有名な『東京物語』でも考えてみましょう。私が作った3行ストーリーは、

1. 尾道の老夫婦、周吉・とみが東京の子どもたちを訪ねて来る。
2. みんな忙しく構ってくれないが、次男の未亡人紀子だけが優しく接する。帰り道、とみは体調を崩して死に、再び家族が揃うが、紀子以外はつれなく帰ってしまう。
3. 周吉は紀子の幸せを願い1人になる。

です（4行かよ、と突っ込まれそうですが）。

しかしこの要約ではまだ映画の核心を伝えていないと感じます。そこで「核になる美しさ・素晴らしさ」を考えてみたいと思います。

何だと思いますか？　次男の未亡人であるにも関わらず義理の両親を思いやる紀子の姿ですか？　そう答える人もいるかと思いますが、私は「時間が経っても変わらずあり続けようとする紀子の姿。そしてそれをいつまでも続けられないと嘆く正直な姿」、そしてもう1つ、「時間の流れと共に人々が変わっていくことを受ける入れる周吉の姿」と考えました。世界の映画史上最も美しい場面だと言われるラストシーンが捉えているのが、まさしくこのような2人の姿ですね。

これは次の「スルーライン」にも関わってくることですが、一般的に考えられる道徳的なテーマとは違ったレベルで、あなたの心に響いてくるものがあるはずなのです。そしてそれは主人公の何らかの究極の姿によって伝えられている。

俳優にとって「核になる美しさ・素晴らしさ」とは、あなたが演じる主人公が最終的に向かうべき姿なのだということです。

4 スルーライン

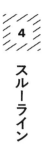

ここでは、「この脚本は実は何についての話なのか」ということを考えてみたいと思います。これはテーマとは違います。テーマとは、一般的に作品（脚本）の中心になる主題のことです。脚本のストーリーが示す考え方と言ってもいいです。

では、スルーラインとは？　スルーラインとは、直訳すると中を通って（throughして）いる1本の線（line）のことです。つまり「表面には見えていない核心」のことです。

先程の『東京物語』からは一般的には親子関係を超えて人と人とが思いやる心が素晴らしいのだ、というテーマを読み取ることもできるでしょう。しかしこの作品は、このようなテーマでは届いていないある種の厳しさ、すごみのようなものを持っています。そこを捉え切れてはいない。

そこで『東京物語』は、実は何についての話なのか、というスルーラインを考えてみます。私が思うにそれは「時は流れる。時は流れ、人は移り変わってゆく。この厳粛な事実が、実は人々に幸せや人生の意味をもたらしてくれているのだ」です。ああ、なんと人はずっと同じことを繰り返して生きて死んでゆくのだろうか、という感慨でもあります。これに思い至って初めて『東京物語』の感動の核心に近づけたように思います。いかがでしょうか？

この「スルーライン」を、演じ手の原節子さんも笠智衆さんもわかっていたと確信します。このお2人が演じた登場人物は時の流れに翻弄されるだけの人間ではありません。翻弄されながらも、そこにある厳粛さとそれ故の喜びとを同時に感じている人たちとして、写し撮られています。それがヒシヒシと伝わってくるのです（原節子さんについては改めて232–233ページのコラムで述べたいと思います）。

俳優にとって、このスルーラインという概念がいかに大切かわかってもらえると思います。

実践!! 脚本を読み取ってみよう

それでは、以下に実践例を示します。ぜひよく練られた読解しがいのある脚本を選んで読んでみてほしいと思います。

実践例1 『乱れる』（監督：成瀬巳喜男、脚本：松山善三）

成瀬巳喜男監督作品です。ラストが近づくにつれ、デコちゃん（高峰秀子）がどんどん女の顔になっていきます。傑作です。忘れられません。

1 3行ストーリー

1．戦争未亡人として長年嫁ぎ先の酒屋を支えてきた礼子。近代化のあおりで店をスーパーにするのを機に、

2．義理の弟・幸司（加山雄三）が自分に恋していることを知る。自分は店の邪魔者とわかり、また、幸司との暮らしにいたたまれず、

3．家を出る。礼子は幸司とは結ばれぬまま、幸司は死に、1人残される。

2 外的葛藤と内的葛藤（礼子にとって）

外的葛藤：

- 幸司が働かないこと
- 近代化……つまり利益至上主義
- 小姑たち、その夫たち、そしてその考え方
- 幸司の存在

内的葛藤（主人公・礼子は夜1人になったらなんとつぶやくか）：

- 「このドキドキした気持ちを私は墓場まで持っていこう」

3 核になる美しさ・素晴らしさ

「幸司に告白された礼子が次第に女になってゆくその表情と姿」

4 スルーライン

「半年足らずの結婚生活で夫は戦死、その後18年間ほとんど1人で嫁ぎ先の店を死にものぐるいの苦労をして切り盛りしてきた女性。今時そんな女性は時代錯誤で気が狂っていると思われる。しかし、私はそんな女性を心の底から愛おしく思う。いくら世界が否定しようと」

「この残酷さを世界は孕んでいる。だからこそ、生きることがより愛おしく思えてくるのかもしれない」

小津安二郎監督もそうですが、成瀬巳喜男監督も昔気質で自分の生き方を貫く女性を好んで描いています。この作品の礼子はその典型。その礼子が後半に見せる女の顔がこの作品の中心にあることが、読み取れることと思います。

実践例2 『ハッシュ！』（監督・脚本：橋口亮輔）

ここ十何年かの日本映画の中でも、最も面白い作品の1本だと思います。橋口亮輔監督を招いて1日中公開インタビューをしたことがあるほど、偏愛しています。監督の登場人物3人を見つめる目の厳しさと優しさが胸に迫ります。

1 **3行ストーリー**

1．勝裕は直也という元気な恋人のいるゲイで、カミングアウトできずにいる。
2．子どもを作って人生を変えたい朝子が父親になってほしいと迫り、勝裕は悩む。身内の偏見や世界の不条理にぶつかりながらも、
3．勝裕たち3人は独自の新しい家族として共に生きていこうとする。

2 **外的葛藤と内的葛藤**（勝裕にとって）

外的葛藤：

- 自分と直也との間に入り込んでくる朝子という存在

・世の中の差別と偏見
・最も深く自分のことを理解してくれた人が何の理由もなく死ぬ不条理な世界

内的葛藤（勝裕になってつぶやいてみる）：
・「果たして、僕はこのまま生きていけるのだろうか？」

3 核になる美しさ・素晴らしさ

「差別と偏見、世界の不条理に晒されながらも、共に生きていこうとする3人の姿」

4 スルーライン

「差別と偏見と不条理に満ちたこの世の中で、それでも人と人とが一緒にいることに希望はあるのだろうか。私はあると信じている」

3人の中で勝裕が一番苦難を被《こうむ》るとわかると、主人公が決まる。ままならないこの世界の中で、3人が自分たちの子どもの話をしながら鍋をつつくさりげない場面に涙が止まらなくなるのは、私だけではないでしょう。

実践例3 『おしん』（監督：冨樫森、脚本：山田耕大）

最後は皆さんが考えてみて下さい。

『おしん』（2013年）の脚本を読み、ここまで見てきた①3行ストーリー、②外的葛藤と内的葛藤、③核になる美しさ・素晴らしさ、④スルーラインの4つのヒントを使って、この作品を読み取ってみましょう。章末に（59ページ）私の読解を示します。

・・・

さて、実際に脚本を読み取ってみていかがだったでしょうか。あなたの読み取りと比べて違う点はどのようなところでしょうか？

ここで今まであやふやにしてきた点に触れておきます。読解に正解はあるのか、という問題です。私はある程度の正解つまり作者が狙っている方向性はあると思っています。ここまでの「そこを捉え切れてはいない」とか「それを捉えているときに、たいていテーマ曲がバックに流れます」のような言い方が示すように、正解と呼ばれるある程度のストライクゾーンがあるのだと思います。私の読み取り方に少しでもなるほどと思うところがあったら、参考にして前に進んで頂ければと思います。

俳優にとって「脚本の核心をつかむ」ということ

私が講師をしている俳優養成スクール（映画24区）の演技クラスの仲間で、脚本読解の会を定期的に開いてます。彼らはそのくらい、脚本の読み解きが重要だと思い始めたのだと思います。

ただ、この重要さはあまり世間一般に浸透してはいません。この章の冒頭に書いたように脚本のコピーのA４１枚だったり、設定だけのエチュードによる稽古が多く見受けられます。確かに自分の演技の有り様《よう》はある程度つかめるでしょうし、自然さ・ナチュラルさを獲得する時間にはなるでしょう。

しかし、俳優にはこの先の映画や舞台の作品作りにおいて、監督や演出家と主体的に関わることが求められるはずです。つまり、もっと積極的に「私はこの脚本をこう読み取ったので、このような演技をする」と提案できる俳優を目指してほしいのです。

演技クラスに来る韓国人・台湾人や、欧米で学んだことのある受講生はここが違います。脚本をどう読んだのかを主張してくるのです。

かく言う私が映画の助監督を始めた頃に脚本を読めていたかというと、そんなことはありませんでした。しかし、訓練しました。というか訓練せざるを得ない状況だったのです。

助監督という仕事は、監督と共に、脚本を読んでそれを映画にするために必要なことを考え、準備し、撮影を進め、仕上げることです。なので、脚本家の準備稿を読んでは監督にその感想と意見を言い、改訂されるとまた読んでその良くなったところ、感心しなかったところ、こうしたほうがいいというところなどの意見を求められるのです。脚本打ち合わせに参加してなんにも言えない人間は「オマエ、帰れ！」と言われ、本当にその場から帰されるような世界です。1年に何本脚本を読んだか、もう数えきれないくらい読むわけです。

監督になれば当たり前ですが、プロデューサーや俳優さんたちの前で脚本についての意見が求められます。これまでの読解の経験を総動員して、答えようとするのです。

何が言いたいのかというと、とにかくたくさん読むしかないのだということです。そして、それを漠然と放っておかず、文章にしてみる。ぼうっと頭の中にあることに実体はありません。文字にして初めて、考えたことは世界に存在し、つかむことができるのです。その作業をひたすら繰り返すしかありません。

さて、次の章からより具体的に俳優に必要な脚本の読解をやっていきます。まず「役へのアプローチ」の仕方から見ていきましょう。

実践例3（55ページ）回答例

映画『おしん』（2013）
監督：冨樫森
原作：橋田壽賀子
脚本：山田耕大
キャスト：濱田ここね（おしん）
　上戸彩（ふじ）
　ほか

1 3行ストーリー

1．東北の寒村の少女おしんは親元を離れ、1人年季奉公に出される。
2．一生懸命に働き続ける中、泥棒の疑いや脱走兵との出会いと別れ、世の中の理不尽さなどに耐え、
3．自分の力で生きてゆこうとする。

2 外的葛藤と内的葛藤

外的葛藤：
・家が貧乏なこと……小作制度
・冷害・凶作
・奉公先の仕事の辛さ
・俊作の死……戦争
・ふしだらに見える母の仕事

内的葛藤：
おしんはその時々に外的葛藤から受ける悩みを悩んでいる。劇中の出来事を経て、おしんには自我（内的葛藤）が芽生えることになる。

3 核になる美しさ・素晴らしさ

「奉公というきつい仕事に耐え、健気に頑張るおしんの笑顔」
「世の中の理不尽さに耐え、それを最終的に受け入れることができるおしんの姿」
「母・ふじの働き続ける姿」
「白い雪」

4 スルーライン

「母に精一杯生きていれば道は開けると教えられた少女が、そのようにひた向きに生きるだけではどうにもならない理不尽さが世の中にはあることを学び、それを受け入れ、それでも一生懸命働き続けるしかないと思う」

※解釈はあくまで筆者によるもので、これだけが正解というわけではありません。まずは脚本を読んだ皆さん自身が考えてみましょう。

COLUMN 1

映画はなぜ、暗闇で見るのか？

映画や舞台はなぜ、暗闇で見るのでしょうか？

そう質問すると、スクリーンや舞台上がよく見えるようにするため、という答えが返ってきます。その効果を狙うからなのももちろんですが、果たしてそれだけのためでしょうか？

作り手というのは思いを込めて撮り上げた映像を通して、脚本なら死にものぐるいで書き付けた文字を通して、人と人生を語るわけです。よって作者の人生への感じ方が自ずと作品に出てしまいます。

例えば私の監督した『非・バランス』でのこと。私は人が1人で生きていくことに目覚める瞬間を捉えようとしました。古今東西の名作は、人は1人で生きて1人で死んでいくという哲学を内包したものだと思っていて、そういう映画を撮ったつもりでした。しかし、出来上がったものを見て愕然としました。人は1人では生きていけない、他の誰かとの関係のなかでしか生きていけないと映画は言っていました。人は意図したものを撮れるのではないのです。作品には表面的なストーリーやテーマとは別の作者の生き方の根っこのようなものが嫌でも反映されてしまう。道徳的なテーマに対して、あまり白昼の教室などでは語られないその人の奥底の思い、最後の希望であったり、人生の悔恨であったり、どうしようもなくその人が抱えてしまっている生き方が露見してしまうのです。暗闇でそんなものを目の当たりにする体験を通して、人は何を考えるのでしょうか。自分のことなんです。オレはこう思う、で、オマエはどうなんだと突きつけられてしまうのです。つまり、映画館で人は自分を見るのです。主人公を通して、人には知られたくない自分の本当の感情に気づかされる。それが映画です。そして、演劇です。映画や演劇を暗闇で見る理由がここにあります。人は映画館の暗闇、芝居小屋の薄暗がりに、自分を見るために入って行くのです。

　恥ずかしい話をします。中学生だった私がはまっていたのが、アメリカン・ニューシネマの作品たちでした。『明日に向かって撃て！』『俺たちに明日はない』『イージー・ライダー』『真夜中のカウボーイ』などなど。学校の先生たちなんかに決して褒められることなどなかった私がその作品群から何を得ていたのかというと、それは勇気でした。たいていは社会からつまはじきされたアウトローたちが、自分の憧れに向かって突き進むが世界はそれを許さず、破滅して野垂れ死んでいく、というのがアメリカン・ニューシネマのお話の典型ですが、その破滅していく男たちに私は生きる力をもらっていたように思うのです。ポール・ニューマンに「今そこにいるオマエは全くダメかもしれないが、きっといずれは何事かをなすだろう」、そう言われていたのです。笑っちゃいますが、私が勝手にその言葉を映画から聞き取っていたのです。長じていざ自分が映画監督として1本映画を撮るとしたら、このようにあんまり幸せではない人々のうちの何人かにでいいから「生きる力」が届くようなものを撮るべきだと思っていたのです。私が映画に関わることになった原点が、ここです。

第2章

役への
アプローチ

役の「核心」と「実質」について

1章の実践を通して脚本を読み取る練習をしてきました。こうして「脚本の核心」をつかんでいくと、映画作品の中で作者の言いたいこと、やりたいことがあって、登場人物の役割つまり「役」があるのだとわかります。あなたは脚本が要求する「役」を演じるのです。

これからあなたに与えられた役、あなたが狙いたい役のその人になるために、何をどうしていけばいいのかを考えます。目標は今度は「役の核心」をつかんで、あなたの中にその「役の実質」を持てるようにすることです。

この「核心」と「実質」という言葉について、少し解説しておきます。

例えば私の作品『鉄人28号』で香川照之さんが演じた敵役・宅見零児のことを考えてみます。「ゼロになれ」というメッセージを発し、東京を壊滅させる巨大ロボット・ブラックオックスの開発者であるマッドサイエンティストという設定です。この宅見という役を演じるとき、一体何が「核心」になってくるでしょう。いかにも狂った科学者の異常な目付きでしょうか。それとも世界を征服しようとする野心家の自信ありげな物腰でしょうか。

しかし脚本をよく読むと、宅見の核心はそんなことではないと感じると思います。そう、もう少し内面のこと、心のことが大事ですね。宅見の会社が世間の批難にさらされたとき、彼は最愛の妻と息子をパパラッチに追われた交通事故で亡くしている。その壮絶な悲しみにのたうちまわった結果、世の中へ復讐せずにはいられない深く強い恨みを持ってしまったのだということがわかります。これが宅見という役の「核心」です。そして、演じる人がその激しい悲しみと世界への憤りを持ち、宅見零児の台詞を言える人間であることが、「実質を持っている」ということなのです。

「核心」と「実質」という言葉を、私はこのように使っていきます。「核心」がつかめて、「実質」が持てると、それは「まるで演技ではなく、その人がいるみたい」という状態になると思います。そこを目指して下さい。

自力で「役をつかむ」大切さ

前章で『非・バランス』の小日向文世さんと余貴美子さんの話を例に、俳優が脚本を読み解くのは、監督・演出家とのある種の競争であったり、勝負という側面があることを述べました。役の捉え方も同じです。あなたの役はどういう役なのかをオーディションやクランク・イン前に誰かが教えてくれるわけではありません。撮影に向かうなかで監督とはお互いにそのコンセンサスがとれているという前提で、準備は進みます。役をつかむことにおいて、まずあなたは信用され、あなたに任されているのです。だからこそ監督よりも深く、面白く、役を自分のものにしましょう。あなたが演じるんですから。

この信頼関係はスタッフも一緒です。脚本や役の核心について、撮影前に全部を話し合ったりはしません。みんなそれぞれ自分で考えて、現場に備えるのです。

例えば衣装合わせのとき、事前に方向性は確認し合った上でのことですが、実際にスタイリストが用意した衣装を俳優が着て初めて「そうか、こういう服を着る人物だったのか！」と驚くことがあります。これが楽しい。「スタイリストはこの人物をそう捉えたのか！」という感動があるのです。共同作業である映画作りの醍醐味です。

台本を真ん中に置いて、いろいろな才能が集まってくるのです。ちょっとかっこいい言い方をすれば、モダンジャズのセッションのようなところがある。そんな世界なのです。それでは、実際にアプローチを始めましょう。

1 キャラを箇条書きし、一言で言い切る

脚本から、あなたに与えられた役のキャラ（性格・人格）を考えてみましょう。単純な作業から始めます。具体的なキャラを箇条書きしてみるのです。

- 明るい
- 暗い
- 優しい
- 意地悪な
- 正直な
- 意固地な

など形容詞を中心に考えていくとわかりやすいのですが、どうもこれだけではその人物を表現しきれないはずです。

例えば、小津安二郎監督の『麦秋』の紀子（原節子）の場合は、

〈紀子〉

- 明るい
- 優しい
- 仕事ができる
- 芯が強い
- ほがらか
- 現代的な考えを持っている

などが考えられます。ただ、これらを1つだけ選んでも紀子の核心を言い切ったことにはなりませんよね。そこで「明るく優しいが、芯に強いものがある」と組み合わせて書いてみると、しっくりきました。康一（笠智衆）の場合は、

〈康一〉

- 家族思い
- 世間体が気になる
- 怒りっぽい

・働き者
・家長としての責任を感じている

などでしょうか。これをまとめて一言で、「真面目で家族思いだが、ちょっと意固地なところがある」です。いかがでしょうか。

ただ、この方法でもたどり着けない場合があります。どんなに形容詞などを組み合わせても、役の本質を言い切れていないと感じることがあるのです。この違和感は大切で、これを感じられるようになってほしいと思っています。推敲が必要なのです。「あなたのやる役ってどんな人？」と友達に聞かれたら、しっかり答えるのです。いずれその人になるのですから、自分にとってしっくりくる一言を見つけて下さい。

例えば1章の実践例で挙げた、『乱れる』の幸司（加山雄三）を考えてみます。

〈幸司〉
・明るい
・爽やか
・思ったことをはっきり言う

・なぜか遊び続けている
・実は強情
・礼子のことが好き（キャラではないが）

キャラはこうですが、これらをいくら組み合わせても核心には届きません。そこで少し乱暴でも一言で言い切ってみると、「爆弾を抱えた好青年」です。このように直感的な言葉が必要な場合があります。

「明るく優しいが、芯に強いものがある」
「真面目で家族思いだが、ちょっと意固地なところがある」
「爆弾を抱えた好青年」

こう見てくると、1つのことに気づくと思います。結局この3人全員が、いい面とその反対の面の両方を合わせ持っていました。表面上と違うものを内部に持って生きているのが人間です。映画の主人公たちとはそうしたものだということですね。表面だけでは語りきれないのです。

あなたがしっくりくる一言を書いてみましょう。

2 調べる

具体的に資料にあたる

これは、役の人物が生きている時代、場所、暮らし、職業、階級などを具体的に調べてみるということです。俳優が当たり前にやらなければならないことなのです。

- 昭和13年、徴兵され中国戦線に送られる兵士
- 60年代後半の学生運動で傷つく女子大生
- 江戸時代、東北の小さな藩の下級武士

などは調べがいがあります。どういう時代だったのか？　その時代のその地方はどういう場所だったのか？　そこにどんな気持ちでもって、日本兵として赴いたのか？　記録やエピソード、手紙や証言。その人たちを主人公にしたフィクション、ノンフィクション、写真集、映像、映画、演劇、音楽、絵……。たぶん、きりがないです。

こういったことを調べるのは、映画の場合、助監督の仕事でもあります。舞台の場合は演出助手ですね。

相米慎二監督の『台風クラブ』でカチンコ係だった私は、台風による気象の変化を調べるのが任務でした。架空の台風が日本に上陸して長野県の主人公の町を通過するとき、具体的に何が起こるのかを現場に提案するのです。調べているうちに、台風がもし子どもたちのいる中学校の真上を通ったとしたら、台風の目に入った瞬間雨も風も止み、星空の見える時間が訪れるだろう、ということがわかりました。これを監督は見事に取り入れて、あのダンスシーンが生まれています。

サード助監督は、台風に関連した小説、写真、音楽などを調べていて、『台風少女』という洪水のなかに立つセーラー服の少女の不思議な絵を見つけました。その少女の挑むような目に、主演の工藤夕貴さんは何かを感じて撮影に臨んでくれたはずです。

調べるのはとても楽しい作業です。何か面白い具体が必ず見つかります。

取材する

また、取材という方法もあります。実際の人物、もしくは家族・友人らに直接会って話を聞く。

アクターズスタジオのインタビュー番組での話です。メリル・ストリープがアイルランド系移民の母親役をやるとき、彼女はシナリオを読んで、その後何も持たずに、1人実際の移民たちが住む町で何週間か過ごすのだそうです。それから帰って来て改めて台本を開き、そこで初めて台詞を覚えて撮影に入る（ぜいたくー！）。

北海道の離島の小学校の教師。こんな役の場合、吉永小百合さんも、まず誰よりも早くそこに行きます。そして、その島で何週間か暮らしたいと言います。周りのスタッフなどはてんやわんやでしょうが、吉永さんの気持ちは皆さんもよくわかると思います。吉永さんは調べて考えるだけではなく、体に染み込ませているんですね。腹に落とし込むというか、知識だけではなく体ごとその人になるために体験をしているのです。自分もいつかそんな重要な役で役作りのために生活全部を捧げるような仕事をしてみたい。いつの日か、皆さんのうちの誰かはきっとそんな仕事をしているでしょう。

青春映画で主人公がスポーツやクラブ活動をしている場合などは、準備段階で必ずその練習が俳優のレッスンメニューに入ってきます。当たり前ですが、短期間で、野球なら野球、吹奏楽なら吹奏楽を何年間も続けてきた人間に見せたいわけです。これはその競技が必要とするテクニックや身体のことはもちろんのこと、その競技が持つ精神的な世界も感じてほしいわけです。経験上、いい役者ほど覚えが早い。本当に短い日数で、驚くほど上達します。
「具体的に資料にあたる」、「取材する」と言っても、もはやその範囲を超えた「体験」の領域です。このことは後ほど詳しく述べます。

3　履歴書を作る

履歴書とは言っても、アルバイト先の店長に見せるわけではないので、ここで大事なのは生年月日（年齢）や学歴などではなく、「その人物が今そうあることを決定づけた、決定的出来事は何なのか？」を考えることです。これを念頭に置いて、生まれてから現在までのことを書いてみましょう。

育ち

決定的出来事は大きく3つに分けられると思います。1つめは「育ち」です。どんな親に育てられたのか？　それを詳しく具体的に想像してみましょう。

若者が主人公の映画には、親が登場することがとても多いですね。2、3シーンしか出ていなくても、たいてい重要な役割をします。つまり、どんな親に育てられたのかを示しているのです。当たり前ですが、そのくらい親の影響力は大きいのです。

両親に何不自由なく十分に愛されて育った。父が他の女と逃げて、母が私たち子どもを育ててくれた。母は早くに亡くなり、酒乱の父に半ば放っておかれて育った。義理の父にずっと性的虐待を受けていた。母にＤＶを受けていたし、実は今でも殴られている。物心ついたら施設にいて、親ではない人たちに育てられた。親はなく、親戚のおじさんが育ててくれた……。現実でも映画やドラマの世界でも、親との関係は重要です。

私は決して親がいないことや片親が悪いと言っているのではありません。どんな境遇であれ一緒にいた人に十分愛されて幸せに育ったのなら、そのような人間であるでしょう。ただ本人が気づいている・いないに関わらず、その育ち方がその人を決定づける場合が多いということです。

私の作品『ごめん』では、主人公セイが好きになる京都の中学生・ナオコは父親と２人暮らし。父を捨てた母親に今度再婚するので「こっちに来い」と誘われていますが、どんなに情けない父でも、彼女は父を最終的に捨てることはしません。そういう選択をする女の子なのです。そこには自分のやりたいことや気分、また利益のようなものを優先する母親への対抗意識も大きく働いています。そしてナオコ本人は気づいていませんが、この男勝りで勝ち気な性格は、母親から受け継いだものです。

『鉄人28号』で、主人公の金田正太郎には父親がいません。父・正一郎は鉄人開発中の事故のとき、妻・陽子と幼い息子の正太郎を自分の身を挺して守り亡くなっているのです。陽子は正太郎が鉄人に近づくことを許しません。父のように一生を鉄人に捧げるような人生を歩んでほしくないからです。しかしブラックオックスが現れ、正太郎は母の反対を押し切り、人々を守るため鉄人28号を操縦することになります。陽子は最終的に正太郎が世界のために戦うことを許し、応援します。彼女が正一郎から受け継いだ精神、人の役に立つという気持ちの大切さを彼女は自分でも知らずに正太郎に授けていたのだとわかったからです。正太郎はそういう育ちをしたのです。

父を亡くした少年は、息子を亡くした男と戦うことになります。これが『鉄人28号』の対立の構図で

「ごめん」
脚本 山田耕大
監督 冨樫森

す。まさに父と息子の話なのです。

トラウマ

決定的出来事の2つめは「過去の事件や出来事が現在に影響を及ぼしている」場合です。人間が1つの出来事でできているとは思っていませんが、そのこと抜きにその人物は語れないという場合がありますね。「トラウマ」です。精神的外傷、刻印と言ったりもします。映画はどうもこの部分の比重が大きいように思います。それを乗り越えて人が変わる話を語ることが多いから、当然なのかもしれません。

『非・バランス』のチアキは、小学生のときにいじめられ、その記憶が2年経っても忘れられず、毎晩夢に見てしまう少女です。「オカマの菊ちゃん」との出会いがそんなチアキを変えていきます。

また『カサブランカ』でハンフリー・ボガート演

『鉄人28号』
©2004 T-28 PROJECT

じるリックは、以前パリで恋したイルザ（イングリッド・バーグマン）に裏切られた過去を持っていて、彼女との思い出の曲である「時の流れるままに」をピアニストのサムに弾いてはいけないと強く言い渡しているほど、その思い出がトラウマになっている男でした。

思い出

またそれがイヤな過去、思い出したくない出来事ではない場合もあります（決定的出来事の3つめ）。小津安二郎監督『東京物語』の紀子（原節子）、『秋日和』の秋子（同）、成瀬巳喜男監督『乱れる』の礼子（高峰秀子）たちは戦争未亡人で、それぞれに短かった夫との結婚生活の思い出を大切なものとして心の中にしまっています。そしてそれゆえ現在自分の周りに立ち上がる縁談話には決して心動かされることがありません。『乱れる』の礼子などは、たった半年間の結婚生活のために一生を棒に振っているとまで言われますが、亡くなった夫のことは今でも想っているし、嫁ぎ先が自分の家だと言われて育ったんだ、私はそういう女だと言い切ります。そんな女性を幸司（加山雄三）が好きになってしまうんですね。

履歴書と言いながら、随分大げさな話になってしまいました。決定的出来事で特筆すべきことがないときでも、一度、履歴は年代順に書いてみるといいと思います。バブル世代の人だったんだなとか、平成生まれかとか、そこからいろいろと発見することがあります。

4 役になってつぶやいてみる

第1章の中で「内的葛藤」についての項(41ページ)がありましたが、ここではそのことを掘り下げてみます。

主人公は何をどのように感じながら生きている人なのか？　夜布団を被って、何を思う人なのか？　一言つぶやいてみて下さい。

「こんなに幸せなのに、どうして今のままでいけないんだろう？」
「世の中もっとチョロイはずだったのになあ」

この「つぶやいてみる」という行為は、「本当は何をしたい人なのか？」を考えることなのです。日々の生活の中で、目的や願望を持って生きていて、それがどのくらい満たされているのか。または、自分のなりたい幸せの度合いに対して、どのくらい満足しているのかによって、この「つぶやき」は変わるはずです。「外的葛藤」に翻弄され悩んでいる人が、実は何を考えなんとつぶやくのか、よく考えてみて下さい。逆に外的葛藤からくる悩みをそのまま悩んでいる場合、その主人公は内面が希薄です。中身がない。封建時代の農民や、苛酷な運命に翻弄される庶民など（の役）には、このタイプが時折見られます。

また、「つぶやき」が、作品の前半・後半で変化する場合があります。人としての根幹を揺さぶられることがあるのが映画ですから、当然です。どういうふうに生きていた人が、どうなるのか。シナリオの用語でこれを「キャラクターアーク」と言います。変化に合わせて、つぶやきも変わります。

つぶやき方も、役の言葉遣いでつぶやくのがいいと思います。主人公のキャラや内面の変化がドラマなのです。

では、いつ頃からその変化が現れるのか？　そこはよく読み取らねばなりません。真ん中辺り（ミッドポイントと言います）から違うのか、ラストの直前まで変わらないのか？　当たり前ですが、作品によって千差万別です。

具体的に考えてみましょう。シドニー・ルメット監督に私が偏愛する『旅立ちの時』

という映画があります。大好きなあまり個人的にＤＶＤからシナリオを文字起こししてみたことがある程です。

ＦＢＩに追われ逃亡生活を続ける元反体制活動家の息子のダニーが、新しい町で少女に恋してしまい逃げられなくなるというお話です。主人公を演じたリバー・フェニックスが素晴らしく輝いている傑作ですが、まずダニーのキャラを、箇条書きしてみたいと思います。

〈ダニー〉

- 優しい
- 家族思い
- 周囲の目を気にしている
- ときどき何を考えているかわからない
- 落ち着きがない
- 音楽の才能がある
- すごく素直かと思うと、変に強情だ

などでしょうか。しかし、どれも彼の本質を捉えてはいないと感じます。
そこで彼の「内的葛藤」を考えてみる。彼は一体なんとつぶやく人なんだろうか？するとやがて見えてくるのは、「果たしてオレはこの世界に受け入れられるんだろうか？」とおびえる気持ちなのです。これがダニーという人物を決定づけているのです。恋愛と音楽を通して、彼は初めて世界に触れ始めるのです。このドキドキ、このおびえがダニーの（役の）「核心」にあるものです。物語はＦＢＩに追われる家族というサスペンスの体裁をとりながら、実はとても普遍的な少年の成長譚なのです。

相手役のほうから考える

またダニーが恋をするローナがいます。マーサ・プリンプトンが初々しくて素晴らしいですが、彼女の役も難しい。考えてみましょう。

〈ローナ〉
- 知的で聡明
- 物怖じしない
- 正義漢

・自分がしっかりある

ここまでは言えますが、なかなか彼女の核心を言い当てきれないと感じます。

こんなときは相手役・ダニーのほうから見たらどうなのかと考えるとわかります。ダニーは彼女の何に惹かれたのでしょう？　そう、「果たしてオレはこの世界に受け入れられるんだろうか？」とおびえる彼を何の否定もせず、そのまま受け入れてくれたことなのです。ローナはダニーが質問に答えなかったり、急に帰ってしまったりしてもそれをなじりません。ダニーにとって、そんな異性は初めてだったはずです。そこが彼女のこの映画での核心です。

こんなふうに、相手役から見た自分の役の意味を考えるのです。どうでしょう、もしローナのような主人公の恋人を演じることがあった場合、とてもやりやすくなりませんか？

また、ダニーの母親アニー（クリスティーン・ラーチ）のことも考えてみましょう。

〈アニー〉

・明るく優しい

・働き者
・ピアノの才能があった
・意志が強い

先程と同じように、主人公のダニーから見る視点で考えます。父アーサーと同じく逃げ続ける生活をしてはいますが、父が不機嫌なときでもアニーがいれば楽しくなれる太陽のような存在です。

しかし、この良い面をいくら並べても、彼女の核心には至れない気がします。アニーは昔ピアニストとして将来を嘱望された過去があり、その夢を捨てて反体制活動に身を投じたのです。その結果、爆破事件を起こし守衛を失明させた過去があります。その消えない傷（トラウマ）が現在の彼女の根っこにあるのです。17年前のことなので、17年後の傷ではありますが、消えているはずがありませんね。これが彼女を演じる上での肝です。核心とは言いませんが、アニーを演じるにあたって、一点、そのことを心の中に消えない小さな石のようなものとして置いておかなくてはなりません（74ページの「履歴書を作る」も参照）。

こう見てくると、役の人物の核心とは、その人の状況や生活よりも、人生で経験したことでその人の奥深くに内面化されたもののことであるのがわかります。だからこそ、表面上の雰囲気や仕草・話し方などをいくらそれっぽくしても核心には届かないのです。

5 役の人物の目的・願望をつかむ

第1章の「内的葛藤」と、「役になってつぶやいてみる」の項でも少し触れましたが、ここでは役の人物の目的や願望をはっきりさせようということです。

その人物の将来こうなりたいという目的がはっきりとわかる場合は簡単です。『おしん』で、主人公おしんの目的は「年季奉公を立派に勤め終え、家族と幸せな暮らしを送れるようになりたい」です。これはわかる。また「野球で甲子園を目指す高校生」の目的なら「甲子園出場」です。これもあまり悩まず目的が定められます。

では、『非・バランス』の主人公・チアキの目的は何でしょう？　トップシーンで示されますが、チアキはいじめられた記憶から「友達は作らない。クールに生きてゆく」という目標を立て、そのように生きようとしています。しかし、これが彼女の本当の目的・願望ではないのがわかると思います。その後チアキは菊ちゃんと知り合い、その人柄を知るうちに菊ちゃんと友達になりたいと思うようになります。また菊ちゃんの窮状を知り、菊ちゃんを助けてあげたいと思うようにもなります。このようにチアキは菊ちゃんとの関係が深まることで、自分が拒絶していた人間関係の中で生きるようになり、自分を本当に苦しめていたことに気づくのです。それはいじめの記憶を直視せず、逃げることばかり考えてごまかしていた自分の弱さなのです。

ここで最初に戻って考えると、さてチアキの目的はなんでしょうか？「いじめの記憶から開放され、安寧なよりよく充実した人生が送りたい」だと思います。しかし、この目的と願望は彼女の心の奥底にあるもので、彼女本人がこれに自覚的かというとそうではありません。ここに俳優が役を捉える難しさがあります。チアキを演じるに当たって、彼女の内面はこんなふうに複雑なのです。

『非・バランス』という脚本は、本来の主

『非・バランス』
© 魚住直子・講談社／メディアボックス

人公の目的・願望がストーリーの推移と共に次第に明らかになっていくという構成をとっています。この構成は前述の『旅立ちの時』や『乱れる』など、映画全般にわたって数え切れないほど多くの作品が行っています。こんなふうに主人公の目的や願望を一筋縄では捉えるのが難しい脚本が数多く存在します。

「役になってつぶやいてみる」の項で、実はこれを考えることは「本当は何をしたい人なのか？」を考えることなのだと述べましたが、人物の目的や願望を考えることが、その人が心の奥底で思っていること、つまり「（夜1人になって）つぶやいていること」を明らかにすることになるのです。人物の内面を反対側から考えて、同じ結論に達したことに気づくと思います。「役になってつぶやいてみる」も「役の人物の目的・願望をつかむ」も同じように、その人の「核心」をつかむことなのです。

スタニスラフスキイもその著書『俳優修業　第1部』（山田肇訳、未来社、1955年）でこう言ってます。「戯曲を必要以上に砕いてはならないし、自分を導くのに、ディテイルを用いてはならない。徹底的に工夫され、隅々まで充実した、大きな段落で輪郭づけられた進路をつくり出したまえ」と。「進路」という言葉でスタニスラフスキイは役の目的を言い表しているのです。「進路」という言葉には、自分でもよくは把握しきれていない、ある種の無自覚な、などという意味が込められていると思います。「目的・願望」

というように能動的な感情だけが人を動かすのではないのだということですね。

そして、このことを土台にして、それぞれの場面での具体的な行動や反応が行われるのです。

6　5番手6番手の役なら、役割から考える

主役でも準主役でもない、5番手6番手の役を演じる場合のことを考えてみましょう。この位置の役には役の持つポジション、文字通り役割があります。これはとても大事です。主役を演出するとき、私は基本的にその役者の持っている魅力を捉え、それを最大限に引き出そうとします。そして、その魅力がどんどんと花開くように導き、成長させようとします。それが監督としての私の最大の仕事だからです。

しかし5番手6番手の役の場合はこれを要求しません。その位置の役の演じ手には劇の中で期待され要求される役割・ポジションを魅力的に演じてもらうことが全てなのです。そのポジションはあくまでも主人公の生き方に対してしか、決定しません。つまり主人公の生き方に敵対するのか、それとも同調するのか？　またはただ客観的に世間一般の考えを伝えるだけなのか。そこが一番大事なのです。

図解してみましょう。

真ん中の太い矢印が主人公の生き方の方向です。例えば今時そんな人はいないと馬鹿にされながらも、家族思いで友情に厚く、自分のことよりも社会的に弱い立場の人や困窮している人々を助けずにいられないという主人公の男性がいます。劇中、その人のことを唯一わかってあげられるのが同調する矢印で示したヒロインです。また逆の方向で示されるのが敵対関係にある人物です。義理とか人情とかそんなものでお腹は満たされない、世の中結局お金が全てでしょう、落ちこぼれたのは自業自得でそんな人間に構っている時間はない、自分だけの幸せを追い求めて何が悪いんだ、というのがこの場合の敵の考え方です。

引きさかれるのは主人公の母親でしょうか。

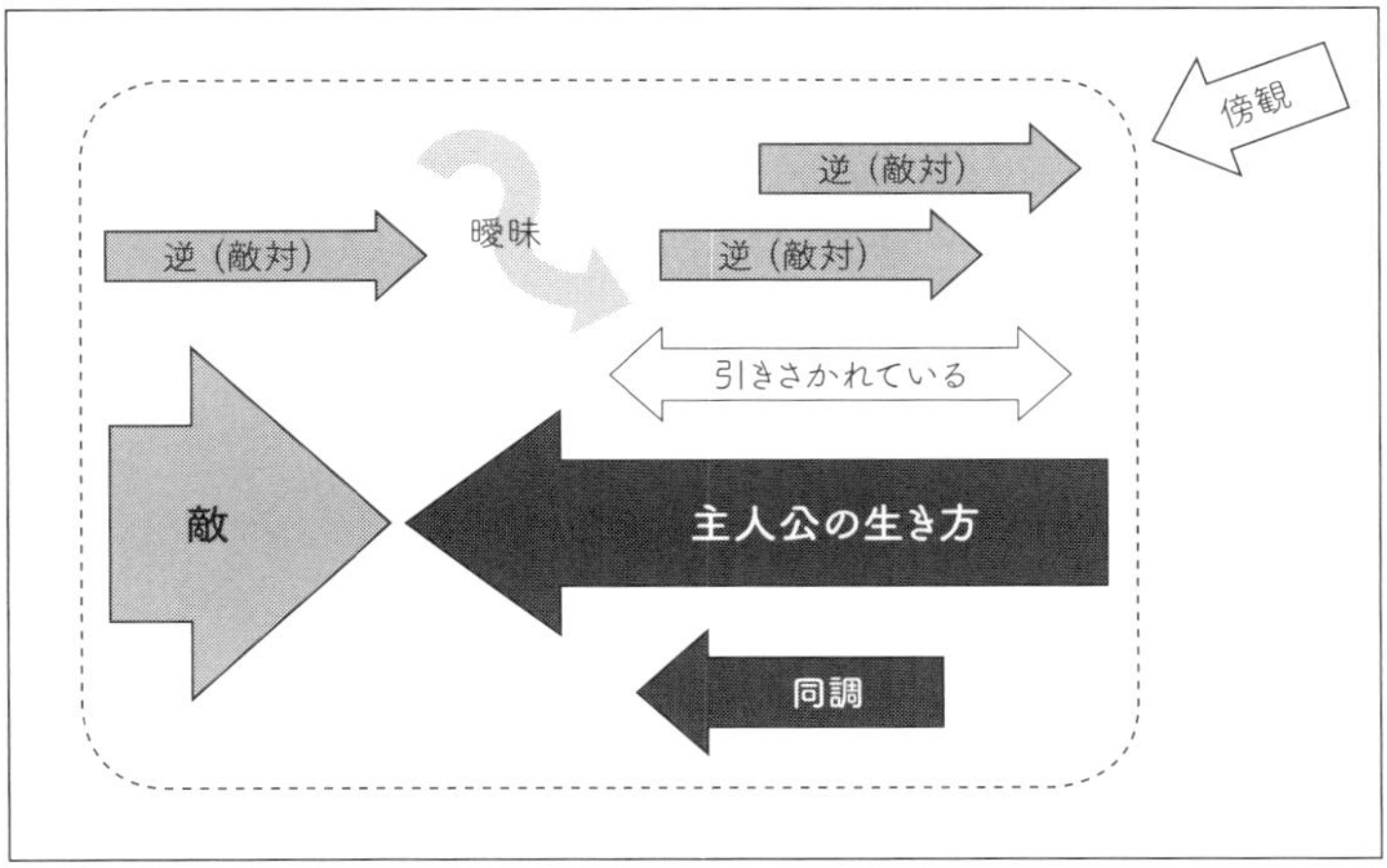

主人公の生き方に対しての矢印

息子の思いもわかるが、だからと言って自分が不幸になることはないよ、と悩むのです。敵の矢印が多ければ多いほど、主人公とヒロインは次第に孤立していき、この先どうするかの決断を迫られることになるのです。

またもっと単純な役割の場合もあります。シリアスなシーンに笑いをもたらす人だったり、死にもの狂いで急いでいる主人公を引き止め、いら立たせる人だったりする場合です。

何かの理由で落ち込んだ主人公に、よく誰かがいちゃもんをつけてケンカになることがありますね。「状況的に考えてこの場所でそんなことはしないと思います」、「そんなことをこの人がする意味がわかりません」などと言う方がいます。その役の人物の生い立ちやキャラクターを優先させてしまい、劇の演出上、必要なのだということに気づいていない。大事にするべきことの順番が違うのですね。監督はあなたに主役を殴ってほしかっただけなのに、です。

ただ、ここで気をつけてほしいのは「魅力的じゃなくていい」と言っているのではありません。陥りがちなのは、普通の（そんな人間は現実にはいないのに）〝イヤなヤツ〟を演じてしまうことです。どうか、あなたにしかできない魅力的な嫌なヤツとして、主人公を殴って下さい。

その人が出ているシーンだけ読んでみる

そこで、このレベルの役を捉えるのにいい方法があります。その役が出ているシーンだけを通して読むのです。脚本を必ず頭から終わりまで読むのではなく、自分の役が出ている所だけを通して読む。そうすると今まで見えなかったことに気づきます。「何だこの人出てくるたび金の話しかしてないじゃないか！」（成瀬巳喜男監督『流れる』の杉村春子の役）や、「ああ必ず笑いを取る役目なんだな」（小津安二郎監督『秋日和』の淡島千景のアヤ）など。演出上の大事な核心がつかめます。

またワンシーンしか出てこない役もあります。それはそれで、そのワンシーンが持つ脚本上の演出的な意味を捉えることが大切です。間違ってもその役の人物の人間的側面を、脚本が要求する行動よりも大事にしてはいけません。あなたは主人公に働きかける役なのですから。

以前、ある大物俳優の方が言っていたことですが、刑事役をやるときに鉄則があるそうです。それは「決して刑事っぽくやらない」です。なるほどですね。いかにも刑事のような重さを持った重鎮は、上にたくさんいる。では自分はどこで存在感を出せるかというと、まるで普通のオヤジかじいさんがそこにいるような刑事であるということなのでしょう。もしくは、いかにものパターンというのは臭さに通じますから、それが嫌だったのかもしれません。

例えば学校の先生や看護師をやってもらうと、なんだか途端に先生口調や看護師さん口調で話し始めるような、いかにもの演技をする人がいます。「おいおい、それじゃどこかで見た芝居じゃないか」と思います。パターンを演じてしまうんですね。気をつけて下さい。

言い添えますが、パターンが欲しい場合もあります。点景もしくは遠景で、ただそこにいてくれればそれでいいときです。その場合は、逆に画面の中で目立つよりも、風景の一部として、パターンな芝居をしてくれているほうがいいのです。けれど、これは俳優に要求することではありませんね。

7 形状を思い浮かべる

これは今までとは少し違う方法です。その役が、図形にしたら丸いのか四角いのか尖っているのか、はたまたハリネズミのように針がたくさん体を覆っていてチクチクするのか、触れると柔らかいのか固いのか。論理的ではなく、感覚で役を捉えようとする方法です。これによって、アプローチが難しかった役を、すっとものにできるときがあります。

同じような方法で、動物に例えるという手も有効です。ヘビ、黒猫、ロバetc……。これだけでつかめるときがあります。

『非・バランス』のチアキは、台詞にもありますが、「捨てられた子犬」です。おびえた震える目をして菊ちゃんと出会い、本当に子犬のように菊のあとをつけ、いつの間にか後ろにいてシッポを振り、気がつくと隣で寝ています。きつく言われるとキャンキャン吠え、そして菊ちゃんのために走ります（演じた派谷さんがちょっとイヌのような（失礼！笑）とぼけたカワイイ顔をしてるので、そう思ったんじゃありませんよ）。

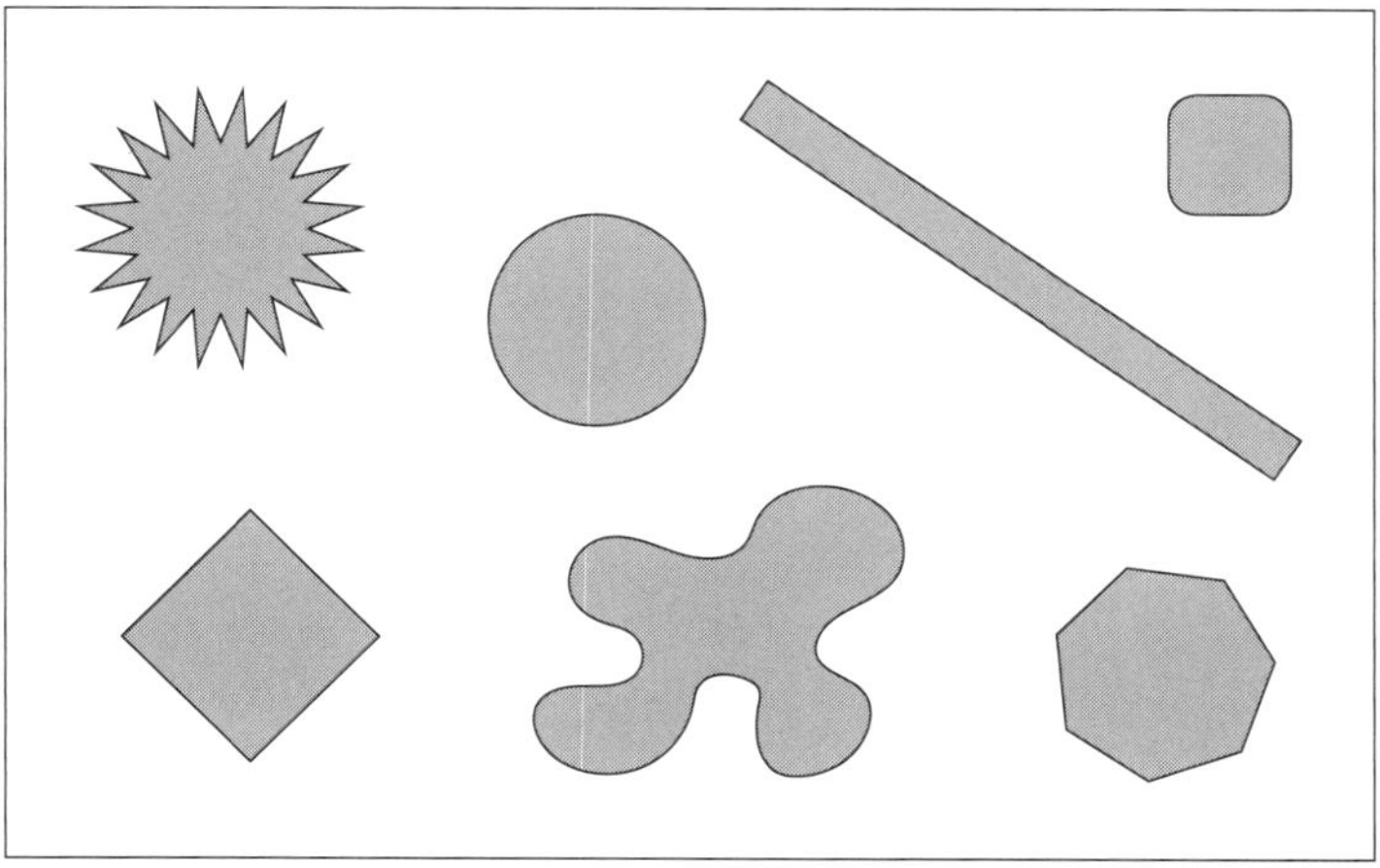

役を形状で捉える

相米慎二監督ならではの演出

私は助監督として相米慎二監督の現場に最も多く参加しました。子どもが主演の作品だと、最初の1週間から10日間くらいは、彼らに役の人になってもらうまでの時間なのです。相米監督もリハーサルをした上で現場に入るのですが、現場（実際の場所）で、実際の相手（役）に向かって緊張した状態で演技することでしか、彼らの中に役は育たないと思っていたのでしょう、この時期は徹底的に同じ芝居を繰り返させます。

その上、相米監督は演技指導をしません。ただただ「もう1回」と繰り返させるだけなのです。具体的には何も言われずに、何回も同じことを繰り返したあとに俳優がどうなるかというと、やっと自分で考え始める。どうしたらこの状況を変えて、OKをもらえるのか、と。この役でこの場面ならこういった感情を持つんじゃないだろうか？　と自分で考え始めるのです。そしてその芝居に初めてOKをもらう。それを延々と繰り返すうちに、いつしかその役の人間になってしまっているのです。

これは今までの俳優人生で経験したことのない喜びです。自分1人で作り上げた人物だと思っているのです。こうなったら映画は俄然、走り出します。だって現場で役者じゃなくて、役の本人たちが走り回っているんですから。

本人なので、そこには基本的にＮＧはありません。それまで何十回もリハーサルを繰り返してからしか回らなかったキャメラが、ある程度の段取りで本番に進めるようになります。そして、監督ですら思いもよらなかったような素晴らしい芝居が現れる瞬間が出現する。「あいつ、こんなことができるようになっていたんだなあ」と。予想を遥かに超えた、はみ出す演技が生まれます。実はそんな驚きこそが映画を撮るということなんですね。

私は相米監督の現場で、こんな瞬間を何度も目の当たりにし、自分の作品でもこれをやってみたいと思って、映画を撮っています。役者とはつねに監督の思惑からはみ出るものを期待されているのです。大変ですね（笑）。そのくらい役になることを大切にしているということなんです。

役を身体に染み込ませる「体験」をする

皆さん、役の核心がつかめてきましたか？　しっくりくる一言で自分の役を捉えることができていますか？　これまではもっぱら頭を使う作業でした。そして、これから行うこと。それは「役の核心を体に染み込ませる」、「はら（肚）に落とし込む」のです。

前述のメリル・ストリープや吉永小百合さんのようにその場所に実際に行ったり、そこで過ごしたりといった体ごと浸る方法がとれたら、それに越したことはありません。知識や情報でしかなかったものを「体験」するのです。こうすることで役の「実質」ができあがっていく。核心を頭で考えるのではなく体ごとつかむ方法です。

少し前まで、例えばアイドル映画を撮る際、アイドルの女の子は1カ月半くらいの撮影期間ずっと、スタッフと一緒の旅館かホテルに缶詰の泊まり込みが普通でした。アイドルものは基本的に成長物語ですから、彼女《たち》に精神的にも大人になってほしいわけです。1人で洗濯から雑用まで全てをやり、自分1人で現場に臨む。

私も『非・バランス』のとき、派谷恵美さんをスタッフが泊まる宿舎で一緒に過ごさせました。そういう環境に身を置きながら、1人で悩み、1人で考えることを促すのです。あなたは誰からも助けてもらえない、自分の力でOKをもらうことでしか前には進めないんだ、と。

役を身体に染み込ませる4つの方法

さて、ここからいよいよ役を体に染み込ませるためのいくつかの具体的な方法を紹介します。

1 役の人物が経験した感情を体験する・想像する

体験できるときは体験する

今まで述べてきたように、親のいない子どもの役を演じるのに実際に親元から離れて過ごしてもらうことや、撮影の現場で俳優たちが後半になって役の人物そのものになっていることなどから、1つの方法が見つけられるはずです。つまり、役の人物がこれまでに経験した感情や感覚を、実際に自分も体験するのです。役を身体に染み込ませるには、結局これをやるしかないのだと思います。

まず、その人物の生活状況や職業の体験ですが、これはできます。

私の『星に願いを。』のとき、看護師役だった竹内結子さんには病院に通って実際の手術に立ち会ったり、リハビリの現場を経験したりしていただきました。相手役の吉沢悠さんは視覚障がい者の役だったので、施設に行って何日か目隠しをする時間を過ごし続けてもらいました。

また助監督をした作品『櫻の園』では、女子校の演劇部の設定ゆえ、主役を含めた23

人の演劇部女子をオーディションで選び、2カ月間実際の演劇部のようなトレーニングを積んでもらって撮影に臨みました。体験できることは労を惜しまず体験して下さい。

また実際にその人たちに会ったり、インタビューしたりすることは大切です。

例えば看護師役のとき、自分と同世代の看護師さん何人かと会って話してみる。病院で患者さんのために働くことを選んだ人たちの持つ精神性をつかむのです。もちろんいろいろな方がいるので一概には言えませんが、私は看護師さんたちのあの物腰の底には、弱く苦しんでいる人々を助けてあげたいという奉仕の精神があると感じます。奉仕というと大仰ですが、汚物の処理や遺体を扱う作業など、この仕事で人の役に立ちたいと思っているからこそできるのではないでしょうか。この気持ちに実際に触れる体験が役を演じるときの核心につながることでしょう。

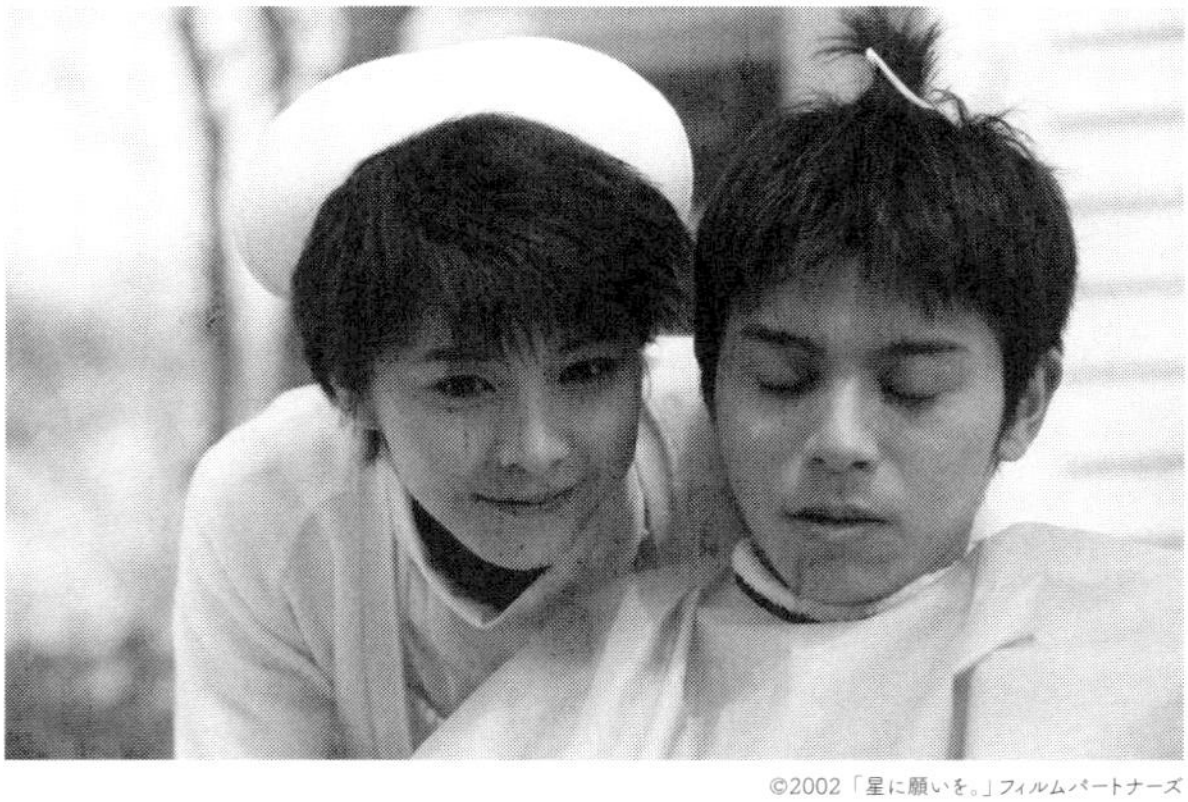

『天使の卵』のヒロインは若き精神科医という設定だったので、インターンの方々に直接取材しました。素人目に、精神病患者に毎日接することはとても大変そうなので、なぜ精神科医を目指そうと思ったのかを最も聞きたかったのです。にわか勉強の成果である中井久夫さんや神谷美恵子さんの話にでもなって、感動するような志《こころざし》の話を聞けるかもと期待していたのですが、正反対でした。「ただなんとなく」や、「親が精神科の病院を開いているので」など、失礼ながら全く拍子抜けするような返事ばかり。しかしこの失望もまた収穫でした。

私たちのヒロインは自分が治療できたと思った患者に自殺され、精神科医である資格がないと仕事を辞めてしまうほどに傷つく。そのくらい患者1人1人に全力を傾けているという設定なのですが、これは実は稀有なことなのだというのが実感として得られたのです。ある種の使命感に突き動かされているような医師に、そんな簡単に出会えるわけではないということなのです。この体験は役の人物の内面を想像するのに決定的なよりどころを与えてくれました。つまり、そのくらい強い意志を持つには理由がいるということなのです。

その人に会うという時間は、このようになんらかの実感が自分の中に生まれる体験になります。

体験できないときは、限界まで「想像」する

しかし、私たちは役の核心は人生の経験を経て、その人の奥深くに内面化されたものだと学んできました。その核心を作り出した感情をどうしたら体験できるのでしょうか？

例えば早くに両親に捨てられ1人で極貧の生活を送ってきた孤独な殺人者や、惚れた男に次々に騙され貢いでは捨てられる人生を送った恋多き女であるなどの場合は、一体どうしたらいいのでしょう？

結論はこうです。役の核心の感情を体験するのが難しいときは、その感情を「想像」するしかないのです。なんだ、当たり前じゃないかと言われそうですが、経験上、これ以外に近道は存在しません。どこまでも自分の想像力を駆使して、その感情をさもリアルに、さも強烈に、まさしく本当の出来事であるかのように体験するのです。これは実にしんどく苦しい作業です。

よく現場で、「この俳優の芝居、方向は合ってるんだけど、なんか薄っぺらい」と感じることがあります。たいていその役者がこのしんどい作業を怠けているんですね。別に偉そうに言うわけではありませんが、これはすぐにバレます。私でしたら、もう一度

一緒の仕事をお願いしたくはなりません。何十年とかけて内面化され蓄積されたものを、一朝一夕に獲得できるものではありません。それはわかっているのですが、しかしその苦しい作業を、限られた時間の中ででもやるしかない。そこに俳優の誠実さが表れます。

その「核心」を、少しでも自分のものにするのです。ただし想像するとき、ただぼんやりと頭の中で思い描いているだけでは力を持ちません。やはり文字にして書いてみることがとても大切です。「両親に捨てられ、1人で極貧の生活を送ってきた孤独な殺人者」を、より具体的に書いてみるのです。どんな両親だったのでしょう？　捨てられた記憶はあるのでしょうか？　あるとしたら、どんな状況だったのでしょう？　子どもは親に捨てられるのがこの世で最も恐ろしい出来事だと言われていますね。覚えているとしたら、思い出す度に反吐が出たり、胸が疼いたりするようなものすごく嫌な気持ちになるでしょう。暑い夏の日だったでしょうか、それとも冬の凍るような朝だったでしょうか。そのとき、母親とはどう別れたのか？　目が合ったのか？　眠っている間にいなくなっていたのか？　最後の言葉は何だったのか？　思い出す度に誰かに何か酷いことをしたくなるかもしれません。書いてみて、具体的にイメージしてみるのです。ぼんやりしたものからは何も受け取ることができません。想像する、イメージする。この想像が具体的で鮮明になればなるほど、あなたの感情は揺さぶられることになるでしょう。

悲しく、悔しく涙が出るかもしれません。嬉しさに思わず飛び上がってガッツポーズをするかもしれません。これはもう「体験」ですね。

2 自分の経験を使って、感情を想像し体験する

その想像力の助けになるのが、自分の「経験」です。まさしくメソッドと呼ばれる演技方法のエッセンスがこれです。

例えば最愛の人が亡くなって悲しみにくれる場面で、俳優自身の肉親が亡くなったときの悲しさを思い出して役の感情を作る。また例えば『非・バランス』の菊ちゃんのように、ある1人の男を一途に愛し続けている人物を演じる場合、自分の恋愛体験で最も愛した人との経験を思い出し、呼び覚まし、さも今、自分がその恋愛という熱に浮かされていたときの状態を体験し直す。それで菊ちゃんの感情を自分のものにする。

またいじめの記憶が忘れられないチアキを演じるのに、いじめられた過去がなくても、幼い頃に友達といさかいになって、こちらが悪くはないのに仲間外れにされた、小さな、しかしとても淋しかったり悔しかったりした経験を思い出し、その感情を呼び覚まし、実際にクラス全員からいじめられたとしたらどんな気持ちなのかを想像し、淋しかった

という感情を増幅させて、現在で体験してみるのです。あなたは泣いてしまうでしょう。チアキが泣き続けたようにです。

しかし、これもまた、同じように実にしんどいことです。気持ちのいい楽な感情ばかりではありませんからね。逆にきつく思い出したくない感情である場合のほうが多い。たいていその感情を乗り越えるのが映画のテーマになっていたりします。

役作りで役の負の感情を自分のことにしすぎて、撮影後もノイローゼ状態が続いてしまう俳優の話を聞いたことがあるかもしれません。そのくらい大変な作業ですが、そんな俳優は信頼できますよね。逃げていてはどうしようもない。この苦しい行程を繰り返すことでしか、役は自分のものにならないのです。そして、だからこそキャスティングというものが必要になってくるわけです。

『非・バランス』
©魚住直子・講談社／メディアボックス

例えば成瀬監督の『流れる』の

主人公・つた奴は、山田五十鈴さんが演じています。柳橋の一流の芸者で男たちと数々の浮名を流した恋多き女という設定ですが、山田五十鈴さんは実際に芸者の娘として生まれ、日本舞踊、三味線や小唄は一流。その上、男性経験も豊富で、まさにこの人のためにあるような役でした。映画をご覧になった人にはわかると思いますが、芸者役の杉村春子さん、岡田茉莉子さんなど錚々たる女優陣の中で、山田五十鈴さんは別格の芸者っぷりで惚れ惚れします。本物なのです。

役の人が愛している人・ものを愛する

恋愛映画の場合、主人公2人は当然これを求められます。最重要必須項目です。これのおかげで結婚した俳優のカップルは数えきれません。

実はこれ、恋愛映画ではないときに、ある役者さんがぽつりと言ったことなのです。家族の話だとして、自分の夫、妻、子どもたち、年老いた親などを愛している設定なら、その役のみんなを愛せるようになるということですね。なるほどなあ、と思いました。当たり前のようでいて、実は努力を要します。中にはあまり気の合わない俳優もいますしね。それでも相手を理解して、クランク・イン前から撮影中ずっと全て終わるまで実践せねばなりませんから。

けれど、作品に対して愛があれば、合う・合わないくらいの些末なことは問題になりません。嫌な部分も含めて、愛してやるんです。

これは人だけではなく、物や仕事についても同じですね。何十年とやり続けてきた美容師の役だったら、その仕事そのものを愛しているでしょう。お客さんを綺麗にして髪型やそのセンスを気に入ってもらう喜び、毎月通ってくれる常連さんとの他愛もない笑い話、そんな日常を愛しているんです。また日々過ごす店の空間や調度、毎日触れる鋏などの道具類を彼・彼女は愛しているでしょう。慈しむように扱うはずです。それを雑に扱う人間には怒りを覚えるに違いありません。

動作の反復と、五感の記憶を使う

これはメソッドの重要な方法です。例えば漁師の役だとしたら、その漁の仕事を「体験」したあと、その動作を何度も繰り返すのです。船に揺られているときの足腰の感じ、網を引くときの腕や腰の使い方を思い出して繰り返す。これをやりながら台詞を覚えたり、モノローグ化したものをつぶやく訓練をする。

また、その「体験」をしたときの海の匂い、波の音、風の音、嵐の爆音、水の冷たさ、綺麗だった赤い夕焼け、船に乗せてくれた漁師のオヤジさんの仕草、口ぶり、居ずまい、佇まいなどを、身体を使ってよみがえらせながら、台本を読み、台詞を覚えるのです。

3 人物の内面をモノローグ化する

モノローグ化とは暗誦するということです。「役になってつぶやいてみる」（79ページ）ことをもっと延長させ、広く、深く、内面化する方法です。

これもある俳優が教えてくれたことなのですが、主に役の台詞で自分本人のことを語っている部分や、本音を言っている台詞を集めてまとめ、それを暗誦するのです。繰り返すほどに、それらの台詞たち・言葉たちがどんどん内面化・肉体化されていくと思います。

言葉にはある種の魔力と言いますか、力があって、これは自分がなりたいキャラを、言葉で自分の身体（脳）に言い聞かせる方法です。スポーツ選手の成功体験（願望）のイメージトレーニングに似ているかもしれません。

4 エチュードする

エチュードとは即興演技のことですが、ここでは台本に書かれていない大事な出来事を前後の文脈から考え、その場面を演じてみようということです。

例えば、台本上のある場面の終わったところで、もし終わらずにそのまま続けるとどうなるかを芝居してみる。またはシーン頭でいきなり会話から始まる場面があったとして、そこに到る前の状況を即興で演じてみて、前の状況を考え、体験してみる。このように書かれたシーンの前後は比較的想像しやすいので、案外簡単に、すっとやれるかもしれません。

それから始めて、例えば脚本には書かれていない重要な出来事を実際にエチュードしてみるのです。これはリハーサルが少し進んでからのほうがやりやすいかもしれません。相手も役柄がきちんと身体に入っていないといけないからです。

そして、これを客観的に見てくれる人がいたほうがいいでしょう。エチュードすることで、その出来事を実際にあったこととして体験するのです。

私が映画を撮るときは、基本的に順撮り（台本の冒頭から順番に撮影）にさせてもらいます。役の人物が経験した重要な出来事を撮影することで、つまり本気になって芝居し、その感情を俳優に体験してもらった上で、劇のクライマックスに向かってほしいからです。台本上書かれてはいない重要なことを含んだ出来事は、エチュードしておきましょう。何かを発見するし、それがこれから起きる芝居に必ず影響するはずです。

絶対に「体験できない役」のとき

ここで少し違う話をしましょう。想像すら難しい役のときはどうするのかです。例えば「猟奇連続殺人事件の犯人」などです。役のために自分の歯を全部抜いた三國連太郎さんのような猛者はいても、殺人はさすがにできません、というかやってはいけないのは当たり前ですね。

- 猟奇連続殺人犯
- おとぎ話の妖精や怪物
- 精神異常者

このようなときに、よく陥りやすいのが、「役の人物は自分とは違う人格だ」と思ってしまい、その人に自分を近づけようとしてしまうことです。別の人格が外部に存在していて、他者として見てしまう。これはいけません。こう考えてしまうと、自分の感情が動かなくなります。その人物が持つであろう感情を、演技でマネしてしまうのです。これではどこまでいってもあなたの本当の感情が動きません。

　また、これはその役がもつイメージ通りの人物を造型してしまうという間違いにも通じます。どこかで見たことのある、一般的にそう思われているイメージを真似てしまうのです。

　試しに「猟奇連続殺人事件の犯人」を思い描いてみて下さい。あなたは今どこかステレオタイプな、つまりみんながさも考えるようなイメージを思い起こしていませんか？

　この轍に陥らないようにする方法は1つ、なろうとする人物は、全て私の（自分の）延長であると考えるのです。私の中にあるその人

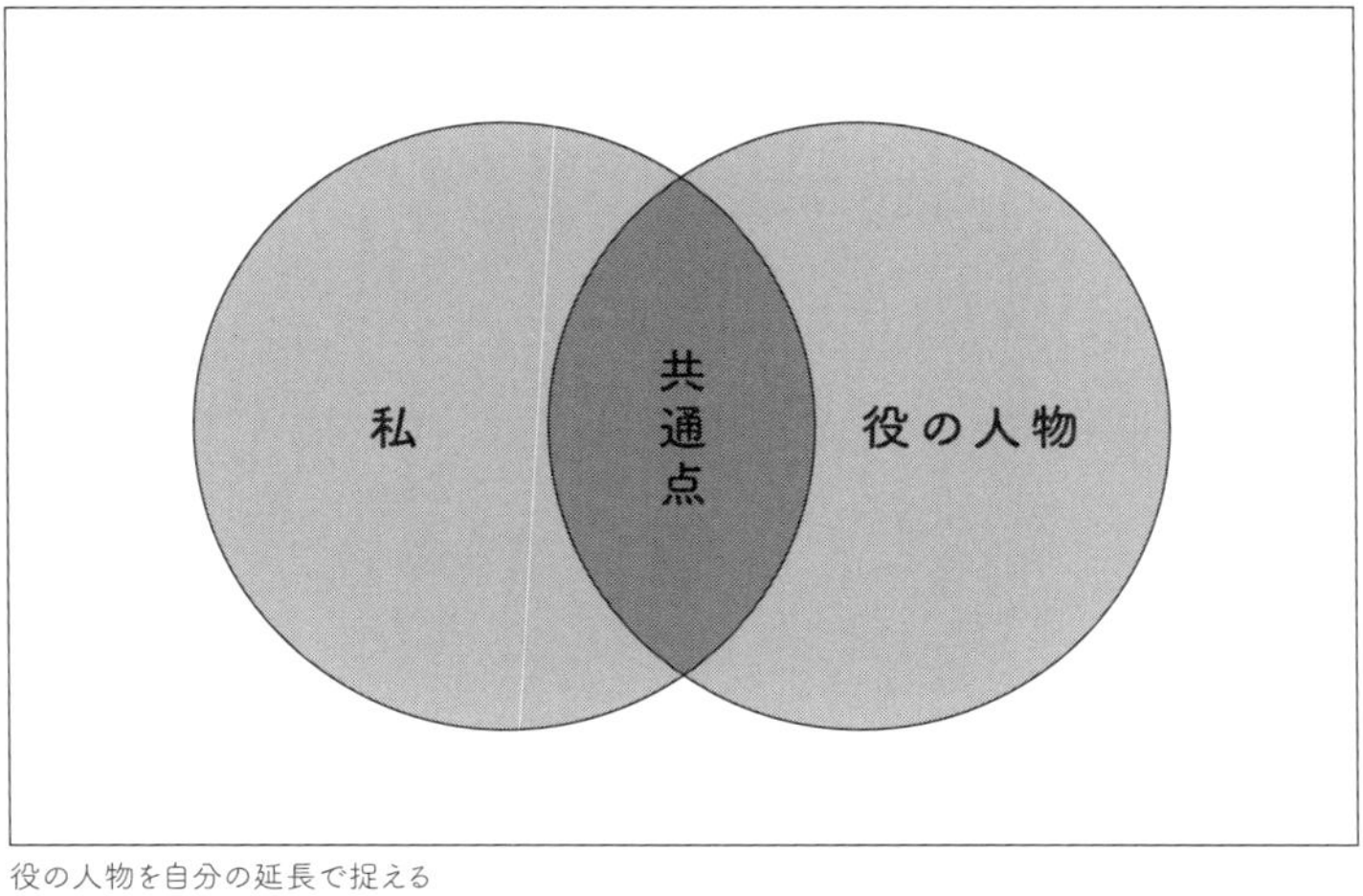

役の人物を自分の延長で捉える

物との共通点、同じ部分、同じ怒り、同じ悲しみ、同じ喜びをどこかに見つけて、もし自分がその状況だったらと、必ず「自分がそれをする感覚」を失わないことです。あなたが猟奇連続殺人事件の犯人なのです。

誤解を恐れずに言いますが、例えば人を殺すことにはある種の快楽が存在することを認める。ライフルで人間の頭をぶっ放して、脳漿《のうしょう》が飛び散るのを見る。鋭利なナイフでお腹を切ったら、生暖かい血と一緒にハラワタが溢れ出た。ここに、嫌悪感だけがあるわけではないはずです。そうでなければ、こんなにも残酷なことや、グロいことを描写した映画が作り続けられるわけがありません。人はそれに興味があるのです。自分のそういう部分を使って役にアプローチするのです。

こうすることで、「あなたにしか演じられない猟奇連続殺人事件の犯人」が生まれるはずです。

実際に役の核心をつかんでみよう

実践例1 一言で言い切る

ここからはこの章のまとめとして、実践編です。

古典的名作の主人公たちを、しっくりくる一言で言い切ってみます。私の考えで進めていきますが、必ず皆さんも自分で各作品に触れて、考えてみて下さい。

『夫婦善哉』（監督：豊田四郎、脚本：八住利雄）

- 蝶子（淡島千景）「健気で愛嬌のある芸者」
- 柳吉（森繁久彌）「甲斐性なしで遊び人のドラ息子」

私はこう考えました。ここで大事なのは、蝶子は貧乏育ちの雇われ芸者で、柳吉は京都の老舗大店の長男という身分の違いです。そんな2人が一緒に生きていくというのがこの作品の肝になっています。

私の作品『おしん』（脚本・山田耕大）

- おしん（濱田ここね）「明るく家族思いの健気な頑張り屋、未だ世界を知らない」
- 母ふじ（上戸彩）「明るく家族思いの働き者、自分より家族を優先しすぎる」
- 父作造（稲垣吾郎）「無骨な頑固者だが、根っこに優しいものを持つ」

・俊作（満島真之介）　「純粋な魂を持つ理想家。戦争で深く傷ついた」

自分の作品ながら、作品で重要な人物たちはつねに二面性を持たされていることに改めて気づかされます。俊作の戦争体験はトラウマの典型例です。そして、おしんにとっては俊作との出会いが彼女のその後の人生を決定づけるのです。

『カサブランカ』（監督：マイケル・カーティス、脚本：ジュリアス・J・エプスタイン、フィリップ・G・エプスタイン、ハワード・コッチ）
・リック（ハンフリー・ボガート）　「クールな不良。皮肉屋に見えて実は情に厚い」
・イルザ（イングリッド・バーグマン）　「純粋な理想家の美女」
・ラズロ（ポール・ヘンリード）　「真面目な優等生のチェコスロバキア人」

リックはラズロのキャラクターがあってより際立ちますね。観客はどこまでいっても、優等生のラズロより不良のリックがカッコいいと思って見てしまうのです。

『秋日和』（監督：小津安二郎、脚本・野田高梧、小津安二郎）
・秋子（原節子）　「明るく優しく、芯に強いものがある」

・アヤ子（司葉子）「母譲りに明るく優しく芯に強いものがあるが、まだ自分に自信が持てずにいる」
・間宮（佐分利信）「リーダー」
・田口（中村伸郎）「ツッコミ」
・平山（北竜二）「ボケ」

佐分利信、中村伸郎、北竜二のおじさん3人組はまさしくリーダー・ツッコミ・ボケという3人組コントの役割を振られていて笑えます。主人公の秋子ですが「明るく優しく、芯に強いものがある」だけでは、彼女の核心を言い得ていないと思っています。「亡き夫との幸せな青春があったのだから、私はもういいのだ。十分生きた」という潔い感覚が、秋子の生き方を貫いてます。これを忘れて秋子は描写できません。

実践例2　スケッチ（素描）する

履歴書の場合は過去の出来事が中心ですが、それだけではなく、もっと自由に役をスケッチしてみることも有効です。役の人物のクセ、口癖、行動パターン・思考パターンなどや、人間関係、趣味嗜好など、思いつくままに書き出してみて推敲していくと、その人物の輪郭が描けます。

『ハッシュ！』の3人でやってみましょう。

『ハッシュ！』（監督・脚本：橋口亮輔）

●勝裕――繊細で優しい。優柔不断。高圧的な父親のようにだけはなりたくないと考えてきた。自分のことや他の人とのことをじっくりと考える性格なので、即答は苦手。一方的に強制されたり、押し付けられるのは嫌だ。本気の人には本気で返してあげなきゃと思う。父のつけた勝って裕福になるという自分の名前が嫌い。勝って裕福になること以外にも幸せになる道はいっぱいあるのではと考えている。

●直也――自分の感情に素直で、明るい正義漢。犬のスピッツのよう。感情が顔に出てしまうガキ。幼いところがあるが、そこが憎めない。家族を捨てて出て行った父親を悪く言う母・克美に愛されて育った。母のことは嫌なところが目についてしまうが、愛している。嫌なものを嫌と言えない人は面倒くさい。ハッキリしてほしいと他の人にも求めがち。ただ、基本的に純粋で悪気はないので、付き合っていて気持ちがいい。

しかし、それがうるさいときもある。

- 朝子――寂しがり屋。幼い頃、肉親に愛情をもって育ててもらえなかったことが、悔しい。思い出したくない。それを克服するために頑張ってきた寂しがり屋。男勝りでずぼらで雑に見られるが、実は繊細で感情の起伏が激しい。人付き合いが苦手。初対面の人とまともに話せないので、誤解される。人の気持ちがわかっているが、口には出さないのでこれも誤解される。サバサバとさっぱりした性格。実は直也と気が合う。

実践例3 「体験」する

例えばもし『夫婦善哉』の主役を演じるとして、役をつかむために実際に自分が「体験」できることは何かと考えてみました。

〈蝶子〉になるために

- 大阪で芸者をする
- その人（蝶子）に会う

・大阪弁の中に住む
・着物を着て生活する
・三味線、小唄を習う
・蝶子と同じ生活をする
・今、誰かに貢いでいる人と会う
・今まで好きだった人でそれに近いエピソードを思い出す

〈柳吉〉になるために
・キャバクラに毎日通って、蝶子を探す
・大阪で暮らす
・大阪食い道楽をしてみる
・蝶子役の女優と恋愛関係になる
・上方落語家に弟子入り、喋りを勉強する

それぞれなるほどという感じですね。お金が相当かかったり、実現不能なことも多いけれど、大作だったらできることがあるかもしれません。

俳優にとって「役の核心をつかむ」ということ

この章ではいろいろな方法をお伝えしてきましたが、作品によって、演出家の要求によって、あなた自身の好みによって、アプローチの仕方は千差万別だと思います。つまりセオリーはないのです。自分で見つけるのです。

「核心」と言われても、最初のうちはなかなかわからず、苦労するかもしれません。なにしろ正解が脚本のどこかに書いてあるわけではないですからね。

第1章でも述べたとおり、やはり、数多く脚本を読んで役の「核心」をつかもうとする実践を繰り返すしかないと思います。青臭いことを言いますが、その役をつかまえようとする努力がすでにあなたを役に近づけているはずです。あがくことでしか見つからないものがあるのではないでしょうか。

『天使の卵』のときに、劇作家・演出家で役者の北村想さんに出演してもらいました。『寿歌』『十一人の少年』『想稿・銀河鉄道の夜』など、1980年代に数々の素晴らしい舞台作品を作り出した方で現在も活躍し続けていらっしゃいますが、当時下北沢辺りで芝居を見ていた私の憧れの人でした。

主人公・歩太《あゆた》の父親で、精神病で十数年間入院生活を送ったあと、退院して家に帰って来た日のお祝いのシーンでのこと。ごちそうの並ぶ席に着いた父が歩太に「お前、いくつになった?」と聞き、歩太が「十九」と答え、父は「十九……」と言ったまま絶句する、という脚本でした。

準備が整い、リハーサルで最初の芝居をしてもらいました。その衝撃は今でも忘れられません。北村さんは真っ白のワイシャツを着て、リビングに入ってテーブルにつくと、台本通り質問します。「お前、いくつになった?」「十九」。ここまでは同じです。ただその後、北村さんは「十九……十九……じゅうく」と3回繰り返して、それから絶句したのです。なんだ、これは! 私は、まさにこうやるべきだったのだ! という驚きと共に超感動してしまい、肩が震えるのが自分でも恥ずかしいくらいでした。そ

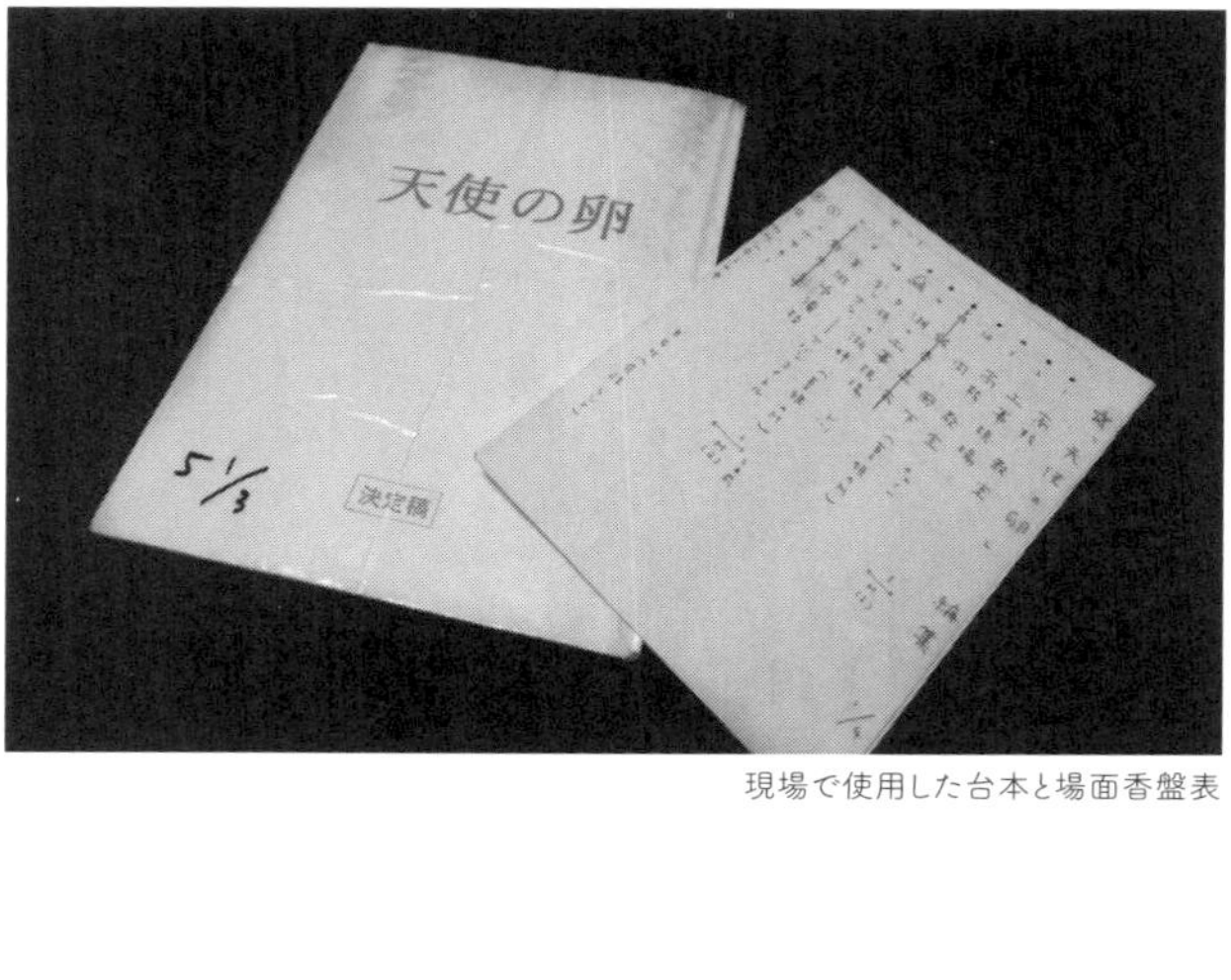

現場で使用した台本と場面香盤表

こにはある種のすごみすらありました。

受けた市原隼人さんも戸田恵子さんも素晴らしく、もうリハーサルはいりません、一刻も早く撮るべきです。すぐに撮影の仕込み（撮影、照明、録音、美術、小道具、消え物の準備）に入ってもらい、本番。出色の場面が撮れたと思います。

脚本では1回だけの「十九」という台詞を3回繰り返し、それから絶句するのが人間なのではないか、と北村さんは考えたのです。なんとすごい才能のある役者なんだろう、とこのときは思いました。

何年かずいぶんあとになって、実はあのとき北村さんはご自宅の居間のドアとテーブルを使って、このシーンを1カ月以上、毎日稽古なさったということを知りました。それを聞いて私はまたものすごく驚いたと同時に、自分の阿呆さ加減に呆れました。「十九」と3回繰り返すことが、どのように生まれ

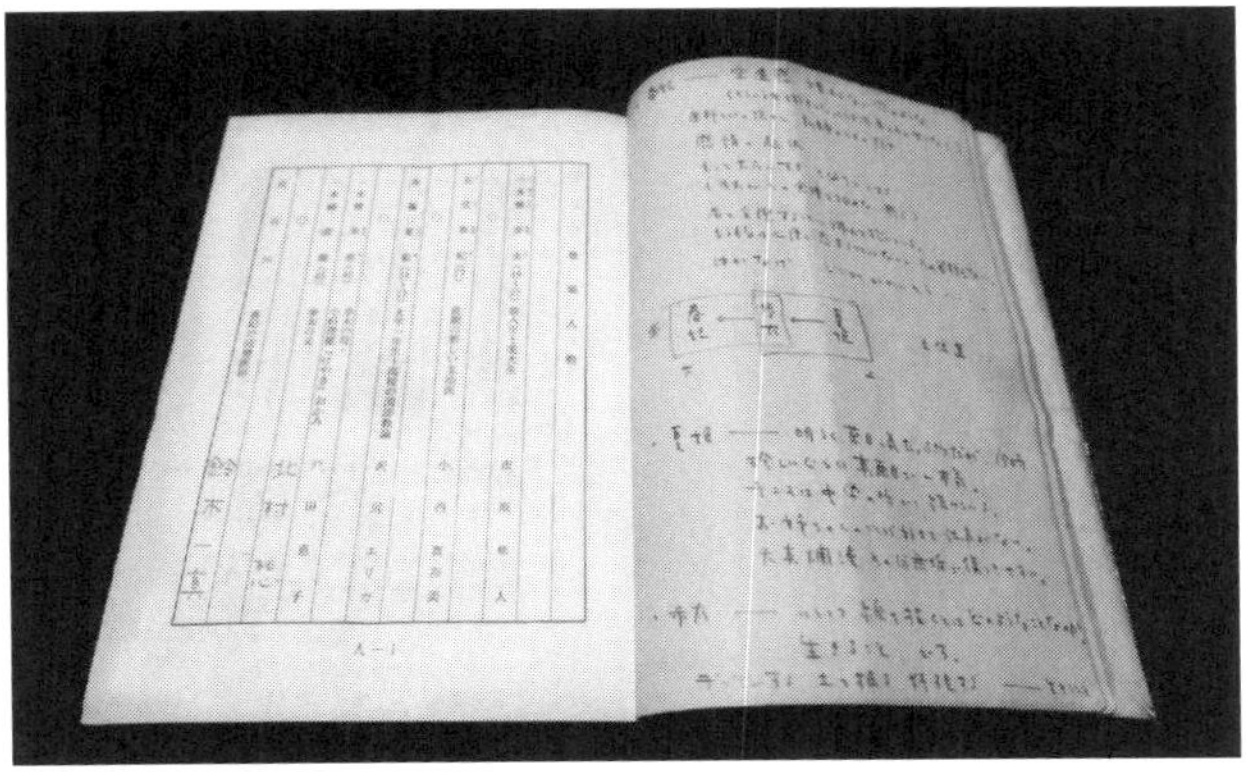

登場人物のページ。役の核心のメモ

た表現だったのかにやっと気がついたからです。あの北村さんがこの短いシーンを、なぜ1カ月間毎日稽古したのかに、やっと思いが及んだからです。

父親役の人物の登場場面は数シーンしかありません。台詞はここの「お前、いくつになった?」と「十九」という二言だけ。つまり北村さんはこの役をつかもうと、必死で稽古したのだということなのです。役の人物の仕草や台詞を繰り返すことで、その人の「核心」をつかもうとあがいていたのです。そして出てきたのがあの芝居だったのです。彼の才能が3回言うことを見つけたのだと思っていた私は、なんという愚か者だったことでしょう。

さて、次の章からはもっと詳しく、もっと実践的に脚本の「場面」に入っていきます。

第3章

場面《シーン》ごとに役を捉える

なぜ「場面《シーン》」ごとにアプローチする必要があるのか？

1本の脚本に向かって第1章と第2章の内容を実践してくると、あなたに登場人物を演じる核心が土台としてでき上がりつつあると思います。その上でもう一歩、実際の演技に近づくためには、ひとつの「場面《シーン》」ごとに俳優が要求されていることを捉えなければなりません。

脚本というものは1つの構成単位としての場面が何個か集まってできています。場面とは、場所や時間によって区切られる一連なりの出来事の流れです。『東京物語』であれば175個の場面が集まって1本の脚本が構成されています。『乱れる』なら128場面であるわけです。そしてそれぞれの場面ごとに脚本の読み手（でき上がった映画の場合は観客）に伝えるべき事柄を含んでいて、それらが集まって脚本のトータルの意味ができ上がるのです。

また映画撮影の現場では、基本的に場面ごとに撮影を進めていきます。同じロケ場所で起こっている一連なりの出来事や芝居はまとめて撮影するわけです。よほどのこだわりがない限り、例えば「高校・教室」という場面だったら、「シーン5：高校・教室（授業中）」を撮影したら、次の「シーン6：主人公の部屋（主人公が寝坊している）」はとばして、

「シーン7：高校・教室（授業中）」を続けて撮影するものなのです。つまり、脚本の順番に撮影していく（順撮り）のではなく、都合に合わせてロケ場所ごとにまとめて撮影することが多いのです。移動や準備の手間ひまはすべて予算に直結するからです。

このように、映画は場面をとびとびで撮影することが多いので、場面ごとに俳優が要求されていることを明瞭につかんでおくことが必要になってきます。

そのためにまず必要なこと、それが、つまり「役の人物の核心を捉えているかどうか」です。この土台がないところで、いくら場面の中身を理解しても、あなたの演技はどこまでいっても的を射たものにはなりません。

第1章、第2章を実践して、役の人物をあなたの中に存在させ始めて下さい。それはどのようなキャラを持った、どのような外見の人ですか？　また、何を核心としてもって日々を生きている人間ですか？　それを定めて下さい。その上で、その人がこれから取り組む場面でどうふるまうかを考えるのです。この土台を元にして、場面にアプローチするのです。

では、実際に脚本の中の各場面・シーンごとにアプローチする方法を考えていきましょう。

場面ごとに役の人物の目的を考える

役の人物がその場面で何をやりたいのか？　何をしたいからそんな台詞を言うのか、そんな行動をするのかを捉えて下さい。

この目的はたいていの場合、「あなたが相手をどうしたいのか？」ということになって表に現れます。それをつかまねばなりません。演技することの始まりにある感情です。それを持って、「ヨーイ、スタート！」を待って下さい。

目的を台詞で言っている場合もあります。行動が示している場合もあります。相手の反応によってわかる場合もあります。台本には明確に示されておらず、前後の関係から類推するしかない場合もあります。

脚本を漫然と読んでしまうと、この目的がわからずに演技していることがあります。自分が演じる人間のことなのに、心の中の大事な欲求がわからずに演技しているのです。意識して目的を表に取り出してみて下さい。それがあなたのこの場面における行動原理なのですから。

また、当たり前ですが、最初に特に目的を持っていない場面の場合もあります。通学や出勤途中に誰かに話しかけられる場面や、1人で食事中にメールが届くなど、このような場合は基本的に受け身な状態ですから、特に目的を持っているわけではありません。学校や会社に行く、ご飯を食べるという生活に伴う行動があるだけです。

しかし、話しかけてきた人がとても失礼なヤツだったらどうでしょう？　あなたの中に途中からその人から逃げたいとか、その人を突き飛ばしたいとかいう思いが生じたなら、それは目的であり願望ですね。メールが恋人の事故を知らせる内容だったら、あなたには途端にしなければならない目的が生まれます。

このように映画全体としての役の目的ははっきりとしていない場合でも、個々の場面において役の人物は目的を持つのです。

例えば次の場面で考えてみましょう。『おしん』で、おしんが金を盗んだと疑われる場面です。引用します。

S＃22　中川材木店・台所（台所）

つねときんが話しているところに、おしん、大きな手桶を持って入って来て、

おしん「風呂の水、一杯になったっす」

つね　「お前だべ、おれの財布がら五十銭持ってったの？」
おしん「……？」
つね　「ほだなごどして、何が欲しいんだ!?」
おしん「おれが……おれが銭盗んだっていうのがっす……!?」
つね　「お前には、盗人さんなねえような不自由な思いさせでる覚えねえぞ。飯だって、三度三度食わしてるでねえが。それを何が不足で……!?」
おしん「知やねえ、おれ、ほだなごと……!?」
つね　「おしん、着物脱いでみろ」
おしん「？」
つね　「さっさと脱げ！」
きん　「おつねさん、ほだなごとすねくても……」
つね　「やましいごとしてねのなら、脱げるはずだべ」
おしん、一瞬ためらうが、さっさと脱ぎ出し、腰巻と首に下げたお守りだけになる。
つね　「そのお守りもはずせ」
おしん、黙って外す。
つね、そのお守りを引ったくり、口を開けて逆さに振ると、
五十銭銀貨が転がり落ちる。
きん　「おしん……!?」

つね　「これでも、シラ切るっていうのが？」
おしん「ほいづは、ばんちゃんにもらったんだ！　奉公さ出るどき、ばんちゃんがおれに……」
つね　「ほだなうそが通るど思ってんだが!?」
おしん「うそでねえ、ほんてんばんちゃんがっ……」
つね　「七つのおぼこば年季奉公さ出さんなんねのに、ばんちゃんがこだな銭持ってたはずねえべ」
と銀貨を自分の財布にしまってしまう。
おしん「なにすんだ!?　返せっ。返してけろ！」
とつねにむしゃぶりつく。
つね、おしんの頬を思いきり殴りつける。

（後略）

出典：『おしん』（監督・冨樫森／脚本・山田耕大、2013年）脚本シーン22より（一部）

つねのしたいことは、皆さんわかると思います。五十銭を盗んだのがおしんではないかと疑っていて、それを確かめたい。これがつねのこの場面での目的のようです。

しかし、何だかつねには最初からおしんが盗んだのだと決めつけているところがあり、おしんのお守りから実際に五十銭銀貨が出てきて、それが確信になります。

つねにはある種の偏見がある。つまり7歳の子どもを奉公に出すような家の人間にはろくな者がいないと思っていて、それを証明したいのです。おしんの一生懸命な弁解がつねの怒りに火をつけます。盗人のうえに嘘までつくのかとつねはおしんを思いきり殴りつける。この怒りをつねは最初から持っていたわけではありません。つねは途中から、ここが

『おしん』撮影中の1コマ

大事ですが、おしんのありえない弁解を許せなくなって殴るのです。つねには自分も貧乏な家に生まれ、長い間奉公人として苦労してきた経験があり、それがゆえに偏見を持ってしまっている人物です。この偏見を理解していなくて、つねを演じることはできません。そこを読み取ってほしいのです。

このように各場面での役の人物の目的は、その人の核心と密接に結びついています。幾度か人物の核心に立ち戻りながら、場面の目的を考えてみることです。

伝えるべき「場面のポイント」をつかむ

また、違う見方で場面を考えることも必要になります。

1つの場面には、作者が伝えようとするいくつかの大事な事柄が含まれています。何を伝える場面なのか、伝えるべき大事な「ポイント」を考えて下さい。1つだけではない場合がほとんどで、その中で一番大事なことは何かと考えて下さい。登場人物2人の関係ですか？　それとも、2人の関係が変化してしまったことですか？　主人公はこんなに頑張っている、ですか？　それとも、こんなに頑張っているが違うことで悩んでいるようだ、ですか？　具体的に書き出してみましょう。書いてみると、見えてきます。

この大事なポイントがわかっていないと、あなたの演技は要求されていることができていない漠然としたものになってしまいます。俳優に何を要求しているのかは脚本から読み取るしかありません。それでは、実際の作品で見ていきましょう。

具体例1　『乱れる』(監督：成瀬巳喜男、脚本：松山善三)

成瀬巳喜男監督の『乱れる』の始まりすぐ、気に食わないスーパーの店員を殴って警察の厄介になった幸司(加山雄三)を、義理の姉・礼子(高峰秀子)が迎えに行った橋のシーン。「S#8　清水港の見える道」です。ぜひ、手元に『乱れる』の脚本を開いて、一緒に読みながら考えて下さい。

この場面、「落ち着いてちゃんと働いて」と幸司をたしなめる礼子と、それをちゃかして答える幸司の会話が続きます。義理の姉弟のどうってことのない日常会話にも聞こえますが、実は幸司は礼子のことが好き。そして、ここで大事なのは、礼子のほうも小言を言いながらこうして弟の世話を焼いていることがまんざらでもない、実はとても楽しいのだ、ということなのです。別れ際には小遣いまであげる。見方によっては一瞬の儚いデートのようにも感じられます。

実際に読んでみたあなたは、この場面、大事なポイントがつかめそうですか？　これを役者がわからず演技することはできるでしょうが、ぼんやりとしたものになり、意味が伝わらなくなってしまうことでしょう。「礼子は実は楽しいんだ、それを幸司に気取られないようにしているんだ」ということです。そこをわかってないと、違うシーンになってしまいますね。

また、ポイントをつかむには、そのシーンだけを読んでいてもだめです。各場面は必ず前後の関係の中でその意味が決まってきます。それぞれのシーンは一連の文脈の中で機能する役割・意味を持っています。『乱れる』のこのシーンのポイントをつかむには、脚本を最後まで読んでからそこに戻り、幸司と礼子のそれぞれの思いを読み取らねばなりません。

具体例2　『麦秋』（監督：小津安二郎、脚本：野田高梧、小津安二郎）

次は、小津安二郎監督の『麦秋』で、主人公紀子の家に隣家の謙吉（妻を亡くしている）が来る場面です。シーン81です。

間宮家・部屋（茶の間）。紀子は28歳でまわりから嫁ぎ先を心配されている。その日は義理の姉と奮発したケーキを食べようとしていると謙吉がやって来ます。映画のラストでは結婚することになる2人ですが、まだそんなことはお互いにわかってない。謙吉が高かったケーキを、遠慮の言葉を一応は言いながらもガバガバ食べるのが笑えるシーンです。

この場面、大事なことは大きく2つ。いずれ結婚することになる2人なのに、この時点ではお互いに持ち上がっているそれぞれの縁談を「結婚しちゃいなさいよ」と本気になって勧め合うことです。ラストの直前に至るまで、2人とも全く恋愛対象・結婚相手としてお互いを見てはいなかったのです。これを示すのが1つ。

2つ目は謙吉の人柄です。一言で描写すると、「開けっぴろげで、飾らない性格。一緒にいて楽」。この謙吉のキャラがよく伝わるシーンであるわけです。本当に笑える楽しいシーンですが、最後に紀子のこころをつかむことになる謙吉のキャラを伝えるのがポイントであり、ラストの展開を準備する重要な場面だったのです。

この2つのポイントを意識して際立つように演じた場合と、そうでない場合を想像してみて下さい。全く違うシーンが現れてしまうでしょう。これらのポイントは、読もうとしなければ、読み取れることではありません。大事なポイントは何かと考えて初めて見つけられる事柄です。漫然と読んでいると、見落としてしまいます。

具体例3 『東京物語』（監督：小津安二郎、脚本：野田高梧、小津安二郎）

最後にもう一例挙げます。また小津安二郎監督の『東京物語』から。

尾道から老夫婦（周吉・とみ）が東京にやって来て医者をしている長男の家に着いた日、2階でくつろぐ老夫婦に、遅れてやって来た紀子が挨拶に来る場面。紀子が来て再会の喜びがあり、周吉は下に降りたあとから、引用してみます。

S#28　二階

（前略）

紀子　（とみが帯をたたむのを見て）「お母さま、致しましょう」

とみ　「ううん、ええのええの——でも、なんやら夢みたような……東京いうたらずいぶん遠《とい》いとこじゃ思っとったけど、昨日《きのう》尾道発って、もう今日こうしてみんなに会えるんじゃもんのう……」

紀子、ニッコリして頷く。

とみ「やっぱり長生きゃするもんじゃのう」
紀子「でもお父さまお母さま、ちっともお変りになりませんわ」
とみ「変りやんしたよ。すっかりもう年うとってしもうてのう……」
志げが、「お母さん——」と呼びながら上ってくる。
志げ（二人を見て）「何のお話？——さ、下へ行きましょう」
とみ「へえ」
と立つ。紀子も立ち上る。
志げ「アラお母さん、また少し大きくなったんじゃないかしら」
とみ（笑って）「なんぼなんでも、もう育ちゃンしえんで……」
志げ「ううん、ほんとよ。ふとったのかしら——（紀子に）あたしたち子供の時分、ずいぶん大きなお母さんだと思って、学校なんかへ来ると恥かしくってね」
紀子「まァ……」
志げ「いつか学芸会の時、椅子こわしちゃったのよ」
とみ「嘘よ、ありゃ椅子がめげとったんじゃン、こわれとった」
志げ「お母さんまだそう思ってンの？」
とみ「そうですあ」
志げ「まァ、いいわよ。さァ行きましょう」
で三人笑いながらおりて行く。

縁側の隅に出された実の机──

出典：『東京物語』（監督・小津安二郎／脚本・野田高梧、小津安二郎、1953年）脚本シーン28より（一部）

久しぶりに再会した家族の喜びが笑いの中で弾けている場面にも読めますが、1つ決定的なことを伝えています。表面的には誰が読んでもわかると思いますが、紀子と志げのとみへの感想の違いです。紀子は「でもお父さまお母さま、ちっともお変りになりませんわ」と言い、志げは「アラお母さん、また少し大きくなったんじゃないかしら」と酷いことを口にします。数年間会わなかった両親ですから、老けてしまうのは当たり前です。それを「変わらない」と言う紀子と、「大きくなった」と本人も気にしている酷いことを平気で言う志げ。何を対比させているのかというと、いつまでも変わらないのは紀子のほうで、「昔はもっと優しい子じゃったのに」こんなことを平気で言うように変わってしまった志げのことなのです。言う人のほうを問題にしていたのですね。

このように「場面のポイント」を意識するとあなたの演技が変わります。重要なことをちゃんと伝えるためにはどう演じたらいいか、考えるはずなのです。

感情のレベルを定める

どのくらい怒っているか、どのくらい悲しいか？　どのくらい嬉しいのか？　この場面でこの人物はこのくらい感情を表出するのだということを、脚本から俳優が読み取るのです。

しかし、これを間違ってしまう人が結構います。「もっと怒るんだよ、烈火の如く！」とか、「喜びを爆発させるんだ！」など、現場で何度要求したかわかりません。みんな、たいてい足りていないことのほうが多いのです。脚本で要求されている感情のレベルがあるとして、当たり障りのない6、7割ぐらいの感情レベルでやってしまう。方向は合っていても、それじゃ足りない、圧倒的に足りないと何度も言い続けています。

脚本に「ここは全力の何パーセントで怒ります」とは書いていません。自分で定めるのです。映画は人生の縮図なので、生涯に一度あるかないかの出来事を扱うことが多いのです。主人公にとって、これがどのくらい大変な出来事なのか、想像力を駆使して考えてみるしかない。そして、その感情を思いっきり出してみるのです。

これは経験上言えますが、キャメラで撮影してスクリーンに上映されると、現場で感じた力の3、4割は失われてしまいます。なぜか必ず力が減ってしまうのです。やりすぎたなどということは、ほとんどありません。

さらに、感情はレベルが合っているだけではOKじゃないはずです。中身が大切ですよね。悲しくて泣いているのか？　なんだか悔しくて泣いているのか？　相手に怒っているのか？　自分にいら立って怒っているのか？　逆にただ泣けばいいなんて場面はないでしょうし、ただ怒ってほしいときなんてありません。何に対してどんな感情を、どのくらいのレベルで持っているのか？　持つに至ったのか？　それを、脚本から読み取って下さい。

現場での段取り・リハーサルの1回目は、監督と役者がお互いこのホンのこのシーンをどう読んできたかの勝負です。「そうそう、それくらい喜ぶよな！」という共感なのか、「もっと激しく泣くんじゃないの？」という疑問なのか。たいていの場合、1回目に監督はそれを指示しません。役者に任せられているのです。

調子《トーン》を定める

感情のレベルを定めると、同時にそのシーンのトーンが定まってきます。長調（メジャーで明るい）なのか短調（マイナーで暗い）なのか？　シリアスなシーンなのか？　笑えるシーンなのか？　行われるのは深刻な出来事だけど、それを笑える場面にしたいのか？　脚本から読み取らねばなりません。これはほとんど演出の領域と言っていいのですが、上記のように、最初は俳優に託されている場合が多い。

主役をやり続けている俳優で、この場面のトーンの捉え方が間違っていることはほとんどありません。もし違っていたら、それはミスキャストということです。脚本の大事な核心の捉え方がずれているわけですから。現場でそのずれを埋める作業は相当なハードワークです。起こってはいけない事態です。

ところが、俳優の養成ワークショップでは、これを読み間違っている人が非常に多い。そしてたいてい明るく笑ってやったほうがいい場面を、暗く重くセンチメンタルなほうに間違うのです。最後に泣くところがあるからといって、最初からセンチメンタルにやってしまう。そうではなくて、泣き出すまでは明るく笑い飛ばしてほしいのです。どうしても、この人は今悲しいのだから、最初から沈んで暗くなるはずだと考えてしまう。場面を一色の感情で捉えてしまうんですね。しかし人は涙を見せるのは恥ずかしいから、我慢しますよね。笑って明るくするつもりが、我慢しきれなかったことに、観客は感動するんです。

泣こうとして泣く人に、心は動きません。悲しみに沈んでいる人が泣き出しても、それは当然の成りゆきですね。そう見えなかった人の場合、そこに驚きがあります。驚いたあとに、感動するのです。つまり、メリハリの問題でもあるわけです。これは大切なことなので、あとで詳しく述べます。

面白い映画の「泣ける場面」を思い出してみる

恥を忍んで言いますが、かくいう私も映画『あの空をおぼえてる』の小日向文世さんにはまたもやビックリさせられました。妹を交通事故で亡くした主人公の兄のカウンセラーがコヒさん（小日向文世さん）の役でしたが、彼の家に見舞いに来たときの芝居が、驚くほど明るく、ドライなのです。「ああ、ここをそんなに明るくドライにやるんだ！」と。もっと優しく包み込むような感覚だろうと事前に考えていた私には、非常な驚きでした。想定内のフリをしながら現場を終えましたが、実は感動しっぱなし。その明るさが、最終的に主人公を最も元気づけることになるのです。

これは数多くの映画を見ることであなたに蓄積された、映画とはこういうものだ、という考え、映画的教養とも関係します。面白いと言われている作品の泣ける場面を思い出してみて下さい。断言できますが、決して暗い悲しい一辺倒ではないはずです。映画的教養とは「主人公の登場シーンなんだからもっと明るくなきゃダメだな」とか、「泣ける場面の前後には必ず笑えるシーンが置いてあるよね」とか「この台詞は振り返らずに背中のまま言うほうがたいてい良いよな」とかです。あなたが映画から学んだセオリーとでも言うのでしょうか。映画の中の人物はこういう場合、たいていこのようにふるまうものだという考えですね。

ただしこれは箇条書きでどこかに書いてあるものではありません。必要なときに取り出すことができる蓄積なのです。

これは結局、あなたがこれまでに何本の映画を見たのかによって、決まってきます。俳優を本気で目指す人は、映画を浴びるように見なければいけません。時間をかけて本数を

©2008「あの空をおぼえてる」フィルムパートナーズ

見ることによってしか獲得できない映画の形のようなものが、あなたの中に形成されるはずです。勉強できることとは違うのです。そこをはき違えてはいけませんよ。意識せずとも澱《おり》のようにあなたの心に引っかかって溜まった映画のエッセンスなのです。

あなたが演じる場面のトーンを考えてみましょう。暗く重く作ってはいませんか？要チェックです。

空気や状況が変わる「転換点」をつかむ

長いシーンには必ず「場の空気や流れが変わる転換点」、ターニングポイントがあります。

わかりやすい例としては、2人で話しているところにもう1人がやってきて流れが変わるとか、3人で話していて1人が去ったのでその人の噂話を始める、などです。人物の出入りが空気を変える、これはまあ当たり前ですね。

また、重要な台詞の前と後では空気が変わります。これも当たり前です。そうやって前半・後半に分けて考えると、理解しやすくなるのです。

『乱れる』で、幸司が礼子に告白する場面で考えてみましょう。

酒屋の奥の茶の間で、幸司（加山雄三）はとうとう礼子（高峰秀子）に「おれはここにいたかったんだ。姉さんのそばにね」と言ってしまいます。

このシーンを演じるにあたって、読めば誰もがこの台詞が最も大事なんだとわかります。その際に読み取るべきは、そう言われた礼子は激しく動揺するわけで、じゃあその告白される前はどう演技するべきなのかというと、幸司に対して全く気兼ねなく、いつもよりもちょっと怒っているくらいのほうがいいのです。そのほうが、告白に対する驚きが伝わります。

重要な台詞や行動の前と後では演技へのアプローチの仕方が変わるのです。これがメリハリです。

国語や英語の長文の読解はなんでもそうですが、長いままに理解しようとすると難しいですね。まず大きく2つに分けて考える。すると前半はこういうことをやっているのか、後半はそうかこういうことかとわかってきます。

またこの前半の中でも、ここまでは導入でここからが本題だなと細分化することで、何が行われているのかが明確になってくるはずです。それがつかめれば、あなたがどう演技すればいいのかも自ずとわかってくるはずです。その台詞を聞いて泣き出すのだから、その前は明るく笑っているほうがいいのだと考える。つまりメリハリが出るように、演技を分けて考えるのです。

「感情の折れ線グラフ」を書いてみる

相米慎二監督の『ラブホテル』の現場で、自分を捨てた恋人に電話で延々と話しかけ続ける主人公・名美の1人芝居がありました（170ページ参照）。5分近くもの間、1人で切れた電話に話し続ける芝居に、名美役の速水典子さんも苦労なさっていましたが、そのとき監督が速水さんに「感情の折れ線グラフ」を書かせていました。私も自分の作品で何度も使ってきた考え方です。もちろんこれは1人芝居に限らず、相手のある場面でも基本的には同じです。

図を見て下さい。縦軸の0から100まで

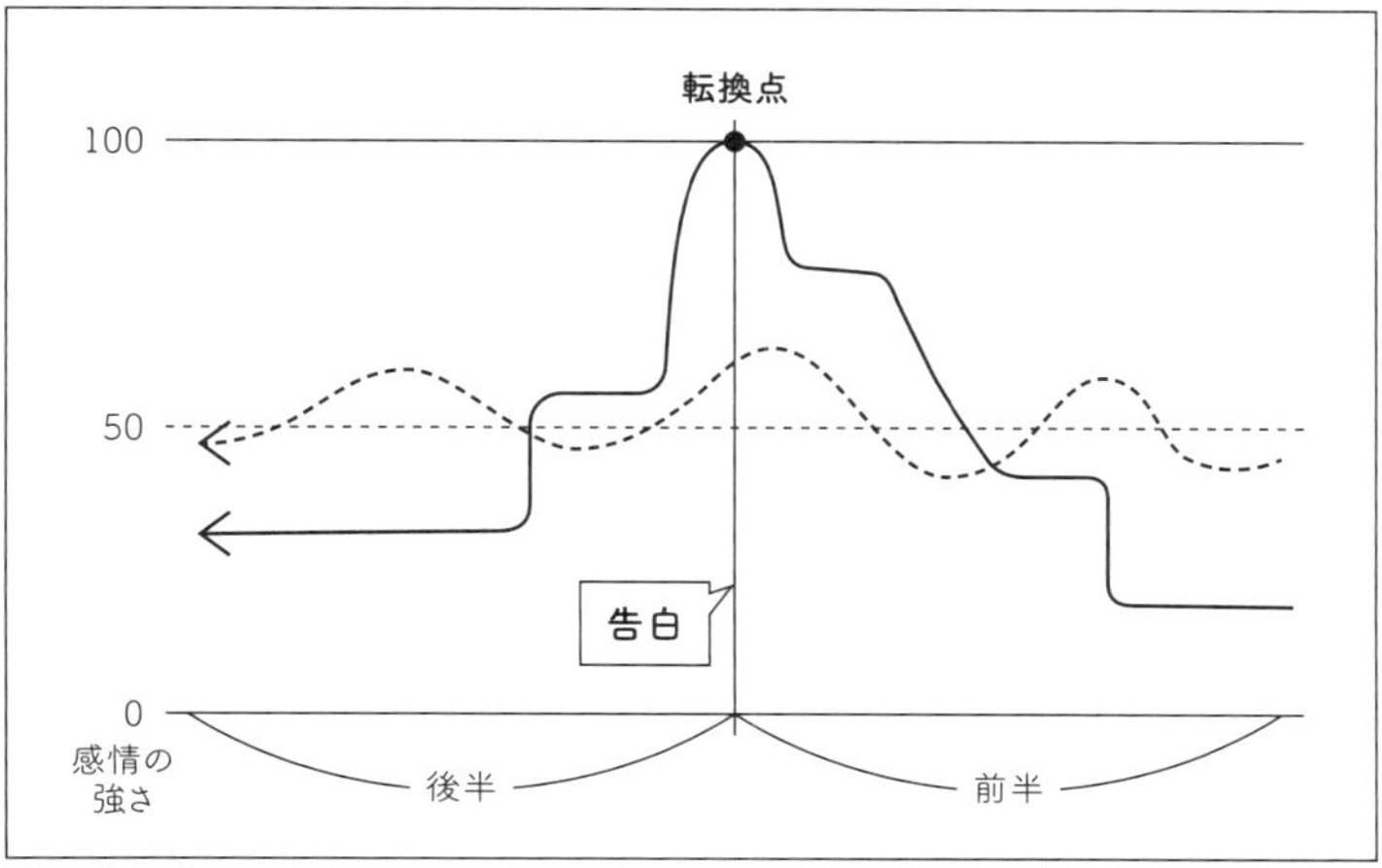

感情の折れ線グラフ

が、感情（演技するときのテンションと考えてもいい）の強さを表すと思って下さい。転換点にその場面で最も重要な告白の台詞がくるとしたときの感情のグラフを仮に描いてみました。

ここで大事なのは、どこが100の値で感情を表に出すところなのかを考えるということです。そして、1カ所を100と決めたら、他は100ではないのです。100が他にいくつもあったら、そこは100ではなくなる。つまり全部に力を入れてはいけない、逆に力を抜かねばならないところが必要なのだということなのです。恨み言を話し続けるからといってずっとテンション高く怒鳴るのではなく、自分を笑うかのように微笑んでポツリと言うところがあるから、それがメリハリになって両方の感情が強く豊かに伝わるのです。それを考えよう、というのがこの図の意味です。この強弱（0から100）を行き来するから面白く見ていられるのだということを、皆さんにもわかってほしい。

そして、経験的にこの感情の振幅が皆さんはたいてい小さいのです。

「退屈な演技」と思われないために

例えば前ページの図の中に示した点線のように、50のどっちつかずの辺りをさまよっているとき、何をしているのかは伝わりづらいのです。平坦なので、見ているうちに飽きてくる。そうなると、見ている側に台詞が届いてこないので、楽しいのか悲しいのかすら、どうでもよくなります。この曲線を描く演技を退屈と呼ぶのです。

上手ないい役者だと言われている方々が、どれだけ感情のメリハリを利かせた臭い芝居をなさっているか、よく思い返してみたほうがいい。臭いとは、この場合、感情の振幅が激しいのと同じ意味です。早くそれに気づいてほしいと思います。

メリハリ、強弱、明暗、フォルテとピアノなど、劇でも絵画でも音楽でも、いわゆる芸術表現は全てこのメリハリを最も重要なものとして伝え続けてきました。全ての芸術が、一本調子にならないようにするにはどうしたらいいかと考え続けているのです。

映画の演技も一緒です。「自然でナチュラル」が一番だと思っていませんか？　そこにはこのような感情のメリハリを持ち込もうとする戦略が存在しません。どこかべターッとした平坦な流れになりがちです。気をつけて下さい。「臭い」演技を恐れてはいけません。

ツボをつかむ

ツボ、勘所。隠された意味、とでもいいますか。もちろん全ての場面にそんなものがあるわけではないですが、わかっていないと的外れになるような意味が、シーンに埋め込まれている場合があります。実際の作品を例に考えていきましょう。

具体例1 『飢餓海峡』（監督：内田吐夢、脚本：鈴木尚之）

鈴木尚之脚本『飢餓海峡』は内田吐夢監督の傑作です。

冒頭、強盗仲間から金を奪って津軽海峡を逃げてきた犬飼（三國連太郎）が左幸子演じる八重とつかの間の情愛を交わします。少しだけ身の上を語る八重に爪を切ってもらった犬飼は、何を思ったか、急に盗んできた大金の一部をポンと彼女にやってしまう。娼婦の身の上を可哀相に思ったからとか、こんな自分に明るく優しく接してくれたからとか、いくつか理由は考えられますが、それでは大金を与えるのが腑に落ちません。実はこのとき、犬飼は八重に母を重ねていたんですね。自分の壮絶な極貧の暮らしの中で、母親は彼の良きものの全てであったのです。

後半、犬飼は村でもただ1人母に送金を続ける子どもだったことがわかります。こんなところで出会った「母」にせめて金をやらずにはいられなかった。爪を切ってもらうという行為と、親のことを二度聞くだけが、このシーン（180-181ページも参照）でのその読解のヒントの全てなのですが、これがわかっていないと実は犬飼は演じられない。これがツボですね。

具体例2『魚影の群れ』（監督：相米慎二、脚本：田中陽造）

大間のマグロ一本釣り漁師の房次郎（緒形拳）は早くにカミさんを亡くし、1人娘のトキ子（夏目雅子）と2人暮らし。その冒頭で房次郎が真夜中漁に出かけるのをトキ子が手伝うシーン。1人娘にズボンを履かせてもらうといった自分の恥ずかしい雑用まで全てをやらせている父親と、それがさも普通のことのように甲斐甲斐しく世話をするトキ子の姿は「あたかも夫婦のように暮らす父娘」であります。

後にトキ子の恋人、俊一（佐藤浩市）が房次郎の前に現れ、房次郎は怒りますが、その（房次郎の）気持ちがよくわかるように劇が組まれているわけです。

具体例3『あ、春』（監督：相米慎二、脚本：中島丈博）

倒産しかけている証券会社に勤める韮崎紘（佐藤浩市）と妻・瑞穂（斉藤由貴）。とっくに死んだはずの父が突然現れ、紘は困惑しますが、どこか他人事のよう。会社が倒産した日にやっと瑞穂に話すような、自身の大事な問題に直面するのをずっと避けていて、妻に心を開かない性格なのです。数年前（つまり結婚してから）から瑞穂の神経症の症状が始まっていますが、紘が彼女に冷たく心を開かないことがピークに達すると、発作が始まります。

このとき、演じ手は瑞穂の側のことだけ一生懸命に考えても、この発作が何なのか判然としません。「彼の妻は彼の内面を映し出す鏡である」と考えると、2人の関係がなるほどとてもしっくりくるように感じます。

具体例4 『夫婦善哉』（監督：豊田四郎、脚本：八住利雄）

甲斐性もないくせに遊んでばかり、店を出してはつぶしてしまう柳吉（森繁久彌）が、とうとう病で倒れる。愛人で芸者の蝶子（淡島千景）は働き者で、そんな柳吉を支え続けていて、見舞いに来た妹の筆子（司葉子）と病院の廊下で話す場面。筆子は家族内で唯一、兄・柳吉のことを思いやっている。「なんやかんや言っても2人とも彼のことがとても好きなんだ」という、このツボの部分が台詞の合間に見え隠れし、2人が妙に気が合う辺りが笑えて素晴らしい場面です。

・・・

さまざまな名作の場面を抜き出して見てきましたが、ツボをつかむには、どういう人とどういう人が会話しているのか？　と考えるのです。どういう人とどういう人のシーンだと思えばいいのか？

こうして見てくると、「ツボ」とは「場面のスルーライン」と言えるようです。ここがつかめると、非常に演じやすくなるはずです。

感情が先にはない

ここでもう1つ大事なことを述べておきます。それは、

- 役の人物の目的があって、それに伴った行動がある。

それを邪魔する障害があって、結果として感情や状態がある。

ということです。

つまり、感情や最終の状態がそれだけでは存在しない、ということです。その場面の後半で泣く芝居があるときに、泣く準備をして場面を始めたら、絶対にうまくいきません。泣くのは、目的が叶わなかったからなのです。

先の『飢餓海峡』の後半、杉戸八重は金をくれた犬飼が事業で大成功し名士になっていることを新聞で知り、十年ぶりに彼を訪ねます。一言あのときのお礼を言いたかったのです。ところが犬飼は当時の犯行の発覚を恐れ、「私は犬飼ではない」とウソをつきます。八重は泣きます。心の底に犬飼を男として思う気持ちはもちろんありますが、まずは感謝の気持ちを持ち続けていたことを伝えたかっただけなのに、それさえも拒絶されたからです。

ただただあのときはありがとうございました、と言いたかっただけの八重。八重の中の「本当にありがとうございました」という気持ちが強ければ強いほど、拒絶された彼女は泣くでしょう。十年間の思いが高じて泣くしかありません。

だから「ヨーイ、スタート!」を待つ間、あなたが八重役なら犬飼さんに会える喜びと期待で胸が張り裂けんばかりになっているべきなのです。絶対に「泣くこと」が先にはありません。感情が先にはないのです。

役を生きる

この章で先に述べた「場面ごとに役の人物の目的を考える」の項（124ページ）で考えた「何をしたいのか」＝場面での目的とは少し違うことなのですが、大切なことがあります。

例えば女性のあなたが仕事や人間関係で疲れて家に帰って来て、リストラされたダンナと会話する場面（陳腐ですね。笑）があるとします。こういうとき、帰って来てすぐにテーブルにいるダンナの前に座って、脚本に書かれている会話を始めてしまう方がいます。これはおかしいのです。ダンナと会話しに帰って来たのではないですよね。まず、疲れた体と気持ちを少し落ち着かせたい、家に帰って、きついブーツを脱いで、コートを脱いで、ソファにごろんとできれば、しばらく横になったまま目を閉じていたい。そうしている合間にダンナが話しかけてきたら、まあ話してやってもいいか……、じゃないですか？　そんなふうに会話が始まればいいのですが、面と向かって話を始めてしまう。「役の人物がやりたいこと」をわかっていないのです。家に帰ったらまずやりたいことがあるはずです。それをしながら、その合間に会話するのです。

このようなことは、当然のこととして、脚本には省略されている場合が多いのです。

あなたが疲れて家に帰って来たらどうなるのかと演じる。あなたがその人物として、そこで生きるのです。

その役の人がそのシーンでやりたいことは何でしょう？　台本に書き込んで下さい。

ここで私はこれをしたいのだと。

「表現するな、存在しろ」

ここで、少し注意しなければいけないことがあります。演技することで、これまでにつかんだ要点、つまり表現すべき大事なことを説明してしまうことがあるということです。これは「私はこの役の人物のここでの目的をこう思うので、こういう演技になります」と説明するような芝居になっている場合です。このような演技では、そう考えた俳優のことがまず目につくのです。

また、「今、私はこういう状態なのだ」と説明してしまう芝居も同じです。

例えば悲しいときに、自分は悲しいのだと演技で表現してしまうのです。悲しみを表に出そうというあなたの自意識が働くために、まずその自意識が見えてしまう芝居です。

観客は俳優の自意識を見に来るのではありません。悲しい気持ちがあなたの心の中にちゃんとあれば、台本通り台詞をただ言うだけで、もしくはト書きに書かれた行為をただするだけで、あなたは悲しく見えるのです。あなたは悲しみを持った人になってそこにいて、相手と関係を持てばいいのです。役を生きるのです。

現場でよく聞く「表現するな、存在しろ」という言葉は、このことです。「説明するな、ただそこにいろ」も同じ意味です。説明する演技と、役を生きることの違いがわかってもらえたでしょうか。

しかし、これはやっかいな問題も含んでいます。例えば1人きりで悲しみにくれるというシーンのとき、主人公のあなたが台本に書かれたことを、気持ちを十分に持って演じたとしても、伝わらないことがあるのです。「それだと伝わらないよ」と演出家に言われます。気持ちがあるだけではだめで、大きく演技する、つまり表現が必要なときもあるのです。一概には言えませんが、いくら「生きていても」伝わらなければ意味がないのです。

これは実際に演技するときのことに関わってくるので、あとの章でさらに詳しく述べていきます。

・
・
・

最後に、大事なことを言い添えておきます。今まで述べた注意点を考えるあまり、根本的なことをないがしろにしてしまうことがあるのです。根本的なこととは、例えば相手との関係です。親子であること、自分は子どもで、相手が父親だとして、当たり前ですが、まず親子であること、親子に見えること、これが大切ですよね。また例えば、恋人同士が会話するとして、あなたは相手のことが好きなのです。これが根本にある前提です。この感情がないところでいくら場面の中身を考えても成立しないのはわかると思います。

つまりあんまり多くのことを複雑に捉えすぎないでほしいのです。実際の現場で頭を巡らせられる範囲はものすごーく狭いです。周りでどたどたわさわさとスタッフが動きまわっている中、緊張した待ち時間中のあなたは、せいぜい役の核心の一言を思い出し、その場面で最初にあなたが持っていなければならない目的や状態を再確認することができるくらいでしょう。

単純化して下さい。「いろいろ言われて、考えたことを結局一言で言うと……」と考え直して下さい。大事な1点だけを、太い幹のように体に貫かせて、芝居に入りましょう。モヤモヤしたあやふやな方向付けではいい演技は決してできません。

さて、次の章ではさらに詳しく脚本の中身に分け入って、より具体的に台詞や動作を考えるときに注意することを見ていきましょう。

COLUMN

2

子役・濱田ここねさん――映画『おしん』より

これまでの実践はものになりましたか？　俳優の仕事はここまででほとんど終わり。実はもう勝負はついているのです。現場でいくらリキんでも、ないものは写りません。ちゃんとやってきた役者は朝現場で会ったときの顔が違います。監督はみんなそれがわかります。そこを見るのが仕事ですからね。

『おしん』を撮ったときの話をします。全国オーディションで選んだ主役の濱田ここねちゃんは8歳、地元宮崎でCMに出たことがあるくらいで、演技はほとんど初めてでした。特訓を始めましたがなかなか良くなりません。助監督からも弱音が聞こえてくるほどだったのです。実は彼女はまだ自分に自信がなく、それが頑張りきれない弱さとして演技に出ていたのです。そこで彼女に1人で演じる自覚を持ってもらおうと、濱田家には無理を言ってここねちゃん1人だけで稽古と現場に来てもらうことにしました。親子で泣いてお別れをしたそうです。そうですよね、今まで一晩たりとも離れたことのなかった母娘が2カ月以上もバラバラで暮らすのだから。彼女は1人で雪が吹きすさぶ極寒の山形に来ました。ホントに1人きりでうるさい大人に囲まれ、稽古です。まさに「おしん」の世界を過ごすうち、今まで泣く演技と言えば手で顔を覆って悲しい声を出すことだと思っていた少女が、とうとう自分自身の感情を使って泣ける芝居ができたのです。初めてこれはいけるかもと思った瞬間です。しかし、まだ不安だった私は、特別に彼女だけを見る演技トレーナーに付いてもらいました。撮影が終わってからの明日の予定場面のための準備と、朝起きてから現場に来るまでのウォーミングアップのためです。さすがに初日は緊張でこわばっていましたが、撮影が進むにつれどんどん良い表情になっていきました。全部で45日間の撮影でしたが、彼女は朝1回たりともイヤな顔で私たちの前に現れたことはありません。8歳の子どもですよ、学校に行きたくない日があるのが普通じゃないですか。あたしはもうやることはやった、何の不安もないとその顔が物語っていました。周りのスタッフの助けはもちろんありましたが、やはり何より彼女自身が私がおしんを演じるという覚悟を持てたことが大きかったのだと思います。そして後半戦は我々の想像以上の演技を何度も見せてくれるようになっていました。

ラストシーンの撮影です。お前が盗んだと疑われて奉公先を飛び出すことになった50銭銀貨が実家に返されていて、朝起きたおしんがそれを見る芝居でした。私はここねちゃんに、あんまり長い時間銀貨は見なくていいから、久しぶりに会ったお母さんのほうにすぐに行きなさい、と指導しました。しかし本番になって彼女はじっと50銭を見つめたまま動かないのです。そうだね、あんたのほうが正しいねと本番中に私は気づきました。その50銭は奉公先を思い出すきっかけであるだけではなく、その後の彼女に起きた全ての出来事の象徴だったのです。やっと目を上げた彼女の顔つきは今でも忘れられません。クランクアップの日はここねちゃんの誕生日で、お母さんが内緒で来ているのがサプライズプレゼントでしたが、号泣する母親に対して笑って応えるここねちゃんの表情が全てを物語ってました。

第4章

サブテキスト・バックグラウンドから台詞と動作を考える

この章ではさらに脚本に踏み込んで、各場面の台詞一言ト書き1行を具体的に考え、演技に反映させてみましょう。

実は何を言いたいのか？「サブテキスト」をつかむ

サブテキストという言葉は、一度は聞いたことがあると思います。例えば実際の台詞と、心の中で本当に思っていることが違っている場合がありますね。「ありがとう」と言いつつ、実は「あなたはうるさいから、もう帰ってくれないかな」と思っていることがあり、そのような意味を込めて「ありがとう」と言う場合がありますよね。また「ごめんなさい」と言いつつ、実は「何でオレが悪いことになってるんだよ。面倒くさいから、ここは一応謝っておくけどさあ……」と思っている場合もあります。この実際の台詞とは違う、言外の意味のことを「サブテキスト」と言うわけです。

「サブ」とは英語のサブウェイの「サブ」、つまりテキスト（言葉）の下のほう、という意味です。演技する上でとても重要な概念です。これをわかっていないと、脚本が要求し意図したこととは違う意味の台詞を話してしまうことになります。脚本の要求は「帰ってくれ」という意味で「ありがとう」と言ってほしいのに、本当に感謝の意味で

「ありがとう」と言ってしまうといった間違いを犯してしまうのです。

日常の生活でも実は頻繁に出会っている表現なのですが、いちいちそのたびに「あ、今の言葉のサブテキストは、こういうことだな」などとは考えずに理解している場合がほとんどです。しかし、これが脚本上に書かれた言葉になった場合、すんなり理解されるかというとなかなか難しく、話は違ってきます。

「ひとつの台詞にひとつのサブテキスト」とは限らない

それに、必ずしも1つの台詞に1つのサブテキストが対応するとは限りません。

私の映画『ごめん』のラスト近く、ナオコが自分の家であり、父親（直希）が営む喫茶店に帰って来た場面です。

S#70 『グッドマザー』

ナオコ、沈んだ顔で帰って来る。

直希、キレイに片付けられた店内でこまごました物を段ボールに詰めている。

ナオコ、びっくりして見ている。

直希「借金、無くなったで」

ナオコ「え?」

直希「(自嘲気味に)この店売った。延岡帰って、寝て暮らすわ」

ナオコ「ほんまにそんなんでええの?この店にこだわってたんやないの」

直希「なんかすっきりしたわ。でっかいウンコが出た気分やなあ」

直希、けらけらと笑う。

呆然と直希を見ていたナオコ、力なく笑い、

ナオコ「お母ちゃんの言う通りやったわ。おやじはほんまにどうしようもない奴やってんな」

直希「……」

ナオコ「何やっても中途半端、意気地のないクズや」

直希、ナオコをじっと見ているが、

直希「ナオコ、何でオレを選んだんや?」

ナオコ「(キッと睨む)……」

直希「もうええから、お母ちゃんとこ行きぃ。そんで、なんて言うた?……三浦や、三浦ナオコになり。新しい人生や」

直希、そう言ってうんと頷く。

ナオコの肩がひくひく動いている。

泣いている。

ナオコ「おやじなんか、大キライやッ!」

と飛び出して行く。

直希「……」

出典:『ごめん』(監督・冨樫森/脚本・山田耕大、2002年)脚本シーン70より

最後のナオコの台詞「おやじなんか、大キライやッ!」には、サブテキストであるナオコのさまざまな思いが詰め込まれていることがわかると思います。悔しく、情けなく、「本当は大好きなおやじなのになんでそんなことあたしに言うの、あたしが一緒にいるって言うたやろ、お母ちゃんの新しい男なんか顔も見たくないわ、もっとしっかりしてほしい」等々。解説するとヤボになりますね。しかし、こんなふうに、ひとつの台詞が複雑なサブテキストを持っている台詞もあるのです。

サブテキストが意図しないで伝わってしまう場合もあれば、意図的にサブテキストを伝える場合もあります。実際にそうとは言葉にしなくても、人は感情や情報を相手に伝えることができます。例えば言葉に伴われた語気や言い方、それに目や表情、体全体が

表すものなどをも使って、私たちは会話をしているわけです。俳優は脚本に書かれた（明示されてはいませんが）サブテキストを、演技で相手に伝えるわけですね。

ここで少し先んじて、実際に演技するときの注意点を述べておきます。サブテキストのある台詞を言うときに、さも「私は今この言葉とは違った思いを心の中に持って言っていますよ」という芝居をする人がいます。サブテキストがあるのだと、過剰に語ってしまう。伝わらない不安からなのか、演技で説明してしまうのです。これはいただけません。サブテキストは、あなたが本当に心の中でそう思っていてくれれば、その台詞にはきちんと言外の意味が備わります。人間とはそうしたものなのですね。これは次の第5章で詳しく述べます。

「ごめん」
脚本 山田耕大
監督 冨樫森

会話全体にサブテキストがある場合

ひとつの台詞だけではなく、1人の人物が会話全体にサブテキストを持っている場合もあります。つまり、その台詞のほとんどをそのまま信じないほうがいいという場合です。嘘をついていたり、詐欺師との会話だったり、政治家と官僚の密談だったり、本当によくあるシチュエーションです。

『東京物語』ラストの直前、紀子（原節子）と京子（香川京子）の会話です。いいシーンです。

S#162　部屋

（前略）

紀子「でもねえ京子さん――」

京子「ううん、お母さんが亡くなるとすぐお形見ほしいなんて、あたしお母さんの気持考えたら、とても悲しうなったわ。他人同士でももっと温いわ。親子ってそんなもんじゃないと思う」

紀子「だけどねえ京子さん、あたしもあなたぐらいの時には、そう思ってたのよ。でも子供って、大きくなると、だんだん親から離れていくもんじゃないかしら。お姉さまぐらいになると、もうお父さまやお母さまとは別の、お姉さまだけの生活ってものがあるのよ。お姉さまだって決して悪気であんなことなすったんじゃないと思うの。誰だってみんな自分の生活が一番大事になってくるのよ」

京子「そうかしら、でもあたし、そんな風になりたくない。それじゃ、親子なんてずいぶんつまらない」

紀子「そうねえ。でも、みんなそうなってくんじゃないかしら。だんだんそうなるのよ」

京子「じゃお姉さんも？」

紀子「ええ、なりたかないけど、やっぱりそうなってくわよ」

京子「いやァねえ、世の中って……」

紀子「そう、いやなことばっかり……」

出典：『東京物語』（監督・小津安二郎／脚本・野田高梧、小津安二郎、1953年）脚本シーン162より（一部）

とても有名なシーンですが、ここの紀子の台詞は字義通りに受け取ってはいけないことが、映画を見るとわかります。これらの諦めたような台詞を言う紀子は、実は全く諦めてはいない。原節子さんのその表情からも、姿全体からもそれが伝わります。小津監督・脚本の野田高梧さんコンビもそのつもりで書き、原節子さんもそのつもりで演技していると思います。「なりたかないけど、やっぱりそうなってくわよ」という紀子は、「けど、やはりならないように生きていきたい」と言ってますし、「いやなことばっかり……」と言いつつ、「しかし私は楽しく生き続けてみようと思っている」と言っています。

すぐ次に義父・周吉（笠智衆）との会話で「（戦争で亡くなった夫・昌二さんのことを）思い出さない日さえある」と告白し、変わっていく自分を正直に言えなかったと泣く場面があるので、紀子とは、やはりそういう変わってしまうことを拒否したいと思っている人なのだとあとで納得します。「変わりたくない」というメッセージを前のシーンで先に原さんの居方・佇まいから受け取るのです。なんと素敵な、なんと大人な会話なのでしょうか。

しかしこれは私が映画を先に見ていたからそう読み取ったのであって、脚本だけ読んだとして、これに気づいたのかと言われると自信がありません。脚本読解の仕方を説いているのにこれは反則ですね。そのくらい高度な表現を含んでいる脚本なのだと思って下さい。同じ台詞でも、心の中で違うことを思っていると台詞の意味が違って伝わる。演技とか芝居とかいうものの根幹にある面白さはここにあります。

俳優の水野美紀さんは、サブテキストが明瞭にある重要な台詞を「表面上の台詞と心の中の台詞を同時に言う」そうです。つまりサブテキストを心の中で言いながら、表面上の台詞を言うのです。なるほど、そんなふうにして相手に真意を伝えようとする。やはりいろいろ考えて芝居してらっしゃるんだなと思いました。ぜひ、やってみて下さい。

相手の台詞のニュアンスを読み取る

同じように、サブテキストの存在する台詞を相手に言われる場合がありますね。俳優訓練生が、家ではそれを読み取れず、稽古のときに相手に言われて初めて、ああそういう台詞だったのかとわかることがあります。例えば、こんな会話があります。

◯フィットネスジムのロビー（夜）

タツヤ、帰り支度のユイを見つけて近づく。

タツヤ「ユイちゃん、これからどうするの？」
ユ　イ「あ、ウチ帰ります」
タツヤ「あ、じゃあ、お疲れ……」
ユ　イ「はい、お疲れ様でした」

去って行くユイの背中を見つめるタツヤ。

タツヤ役の俳優が最初の台詞を、ユイをはっきりデートに誘う言葉として言った場合と、知り合いの社交辞令として言った場合では、全く意味の違う台詞になります。それに合わせて、ユイの返しの台詞が明らかに変わるはずです。同じ台詞なのに、全く違った場面ができあがる。台詞を言う役者がサブテキストを意識して演技することで、心の中が伝わるのです。相手はその台詞のどちらかの意味を、直接聞いた瞬間に理解できるはずです。俳優訓練生たちが稽古場でよく、「えーっ！　この台詞って、そういうこと？」などと叫んでいます。相手の台詞と台詞が含むニュアンスを、よく聞いて下さい。言外の意味が聞き取れるはずです。それが人間の言葉のコミュニケーションです。

繰り返しますが、これを脚本に向かう時点で行ってほしいのです。前後の文脈からサブテキストはつかめるはずなのです。俳優とは言葉を扱う人です。いい使い手になる努力が必要なのだと思います。

それは誰に言う台詞なのか？　を見極める

台詞には「言う相手」が必ず存在すると思っていませんか？　しかし相手にではなく、

自分にぼんやりと独り言をつぶやく場合もあるし、自分で自分を相手にして、はっきりと言う場合もある。つまり会話として書いてあっても、相手にちゃんとかけて言ってやるべき台詞と、自分に言わねばならない台詞と、台詞には大きく2つあるのです。

台詞を話していて、何かしっくりこないなと感じることがあると思います。それは言う相手を間違えている場合があるのです。特に会話の中で1人で長く話さなければならないときはほとんど、自分に言うべき台詞が存在します。つまり相手にかけないほうがいい台詞です。その台詞を具体的に見極めて下さい。

「感情の折れ線グラフ」のところで紹介した『ラブホテル』の切れた電話に主人公・名美が話し続けるシーンです。シーン37から抜粋します。

S#37　部屋
（前略）
名美　「簡単なんですね。あのヒステリーには、何て言って取繕ったの？　あっちから言い寄って来て仕方なく寝ちゃったんだ、淫乱な女でね、判ってくれるだろ？　一度関係持ったら、あとはバラすって言われて、ズルズルとね。男とすぐ寝る様な女、端《はな》から本気で付き合うわけないじゃないか……ホテル代、誰が出したんですか？　いつも誰がリザーブしたの？　私がいつもシングルを予約して（ガチャリと相手の電話の切れる音がする）、残業中のあんたん所にルームナンバー電話して、そいであんたは、フロントを通らずに直行して……夜中の一時頃には、いつだって私を残して帰って行って……私はね、それから朝まで、いつも一人ぼっちで考えましたよ、何なんだろうって、あなたは好いですよ、どっかで会社の接待やってた時間で私を抱いていたわけだし、奥さんにバレる心配もないしサ。私だって、一度だってお宅に電話した事ないもんね。あなたの言う通りにやったでしょ？　私だって考えてんのよ、このまま行ったってどうしようもないって事位、分ってたわよ。奥さんがいるんだもんね。私みたいなの、あんたにとっては都合の良い女ですよ。もう止めたの、そういう関係。アホらしくってね。私ね、ホント言うとね、隠してたけど、恋人いるんだよね。迷ってたんだよね。どっちにしようかなってね。凄くウブな人なんだよね。（ツーツーという空しい発信音がずっと鳴っている）ウブすぎてサ、私なんてもったいないわけよ。あんたと同じ位の年だけどサ、月とスッポンなのよ、考え方、シソーがね。女を女と思ってる人なのよ、好きなんだよね、私、その人。だけど、あんたが先だったから、あんたに遠慮してサ、返事渋ってたんだよね。だけどサ、今日は、ハッキリ分ったよ。あんたなんて最低だよ。あのヒステリー女とあのご立派なマンションでイチャついてりゃ好いんだよ、私にゃあの人がいるんだ。私をね、天使だって……分かる？　あんたになんか分かんないでしょ？　私はね、ホントは天使なんだよ、好い女《こ》なんだよ（泣いている）……」

電話切る。

出典：『ラブホテル』（監督・相米慎二／脚本・石井隆、1985年）脚本シーン37より

名美のどの台詞が相手にかけずに自分に言ったほうがよいのか、考えてみて下さい。

私は大きく次の4カ所だろうと思います。

「……私はね、それから朝まで、いつも一人ぼっちで考えましたよ、何なんだろうって、」

「私ね、ホント言うとね、隠してたけど、恋人いるんだよね。迷ってたんだよね。どっちにしようかなってね。凄くウブな人なんだよね。」

「好きなんだよね、私、その人。」

「私はね、ホントは天使なんだよ、好い女《こ》なんだよ」

自分のことを考えているときと相手とは別の男性のことを考えているときの2つの状態のときは、当たり前のようですが自分に話しているのではないでしょうか。

自分に言う、とは思い出しているか考えているか、どちらかですね。つまり相手に言うときとは違う感情を持たねばならなくなる。これが大事です。

表情や感情の変化を持たせる

このことを実践して芝居していくと何が起こるか。芝居の中にさまざまな顔や表情が表れることになります。思い出してぼんやりした表情や、遠くを見るような感じの顔、思い出した内容が辛いことだったらその経験をしたときの感情がふとよみがえって、悲しく微笑んだりするかもしれません。つまり、相手に話しかけているだけでは生まれなかった感情を持つことになり、豊かな表情を獲得することになるのです。

先の章で、芝居は一本調子を嫌うのだと述べました（145ページ）。何度繰り返しても足りないほど、このことは重要です。演技中、さまざまに感情が変わり、顔つきや表情が面白く変化するから、ずっと見ていたくなるのです。思い出話なのだから昔を懐かしんでいる感じの表情一色、悩みを打ち明けているのだから悩んでいる感じの苦しげな表情一色、ではダメなのです。その中にさまざまな表情がある。つまり感情が溢れているのがお芝居です。あなたが上手だと思う俳優の演技を思い返してみてほしいのですが、みんな本当によく表情が変化していることに気がつくことと思います。

『ラブホテル』のこのシーンで延々切れた電話に話し続けるとは、逆にほとんど過去の自分に向かって話しているということなのです。どう演じるべきか、アプローチの仕方が見えてきましたか？

どの台詞を受けて、その台詞があるのか？

直前の台詞を受けて次のあなたの台詞が続くことがほとんどですが、そうではないこともあります。突然、話（話題）を変える台詞だったり、今までの流れとの脈略がない台詞のときがあります。それは、以前に話されたことや出来事からきている台詞であったり、今話していることとは違うことを考えている人物がいて、その人物が流れに関係なく発言するときであったりするのです。

当たり前ですが、その出所がわかっていないまま台詞を言うと、あやふやで意味不明の台詞になります。自分で何を言っているのかわからない台詞は、相手には通じません。きちんと前後のつながりや、その人物が考えていることに思いが及んでいないから、そうなるわけです。

『おしん』を使って解説してみます。

映画の終わり近く、おしんは奉公先から大急ぎで戻ったものの、大好きだった祖母の死に目に間に合わず泣き崩れます。疲れ果てて眠ったおしんが目覚めると、母・ふじがご飯の支度をしています。働くふじの姿がおしんには輝くようなとても素晴らしいものに見える、という場面です。引用します。

S＃86　谷村家・中

（前略）

ほつれ毛を払いながら、火を起こしていくふじの姿は神々しいまでに美しい。

おしん、その姿を見つめている。

おしん「母ちゃん・・・」
ふじ「ん？」
おしん「働いでるだなぁ、いづもいづもずぅっど・・・」
ふじ「（笑って）母親っづもんは、みんなそうだぁ」
おしん「・・・許してけろ。母ちゃん」
ふじ「・・・？」
おしん「おれ、母ちゃんの子でよがったぁ」
ふじ、微笑み、支度を続ける。
おしん、さっと起きてきて、ふじを手伝い始める。
二人、肩を並べて炊事をする。
ふじ「おしん」
おしん、顔を向ける。
ふじ「こごさいでもいいんだぞ、おれがなんとがすっがら。おらだのために奉公さ行って、つれえこどばっかり・・・」
おしん、首を横に振って、
おしん「つれえごとなんかなんでもねえ。おれ、一人でも、どだなこどがあっでも負げねえがら」
ふじ「おしんっ」

と思わず、おしんを抱きしめる。ありったけの愛情を込めて強く抱きしめる。

おしん「母ちゃん・・・」

ふじ　「おしん・・・」

二人に朝の眩しい光が当たっている。

出典：『おしん』（監督・冨樫森／脚本・山田耕大、2013年）脚本シーン86より（一部）

この中で、

おしん「・・・許してけろ、母ちゃん」

とおしんが謝りますが、このシーンだけ読んでもなぜ謝ったのかがわかりません。遅くまで寝てしまったこと、祖母の死に目に間に合わなかったことなどいくつか理由があり得ると思いますが、脚本を丁寧に追ってきた読者にはわかると思います。この場面の前に、おしんは奉公先の町で男たちと遊んでいるかのようなふじを見かけ、ふしだらなことをしているのではと疑ったことがあるのです。誤解はとけますが、おしんはそれでも泣き続けます。ひた向きに生きてゆくだけではどうにもならないことが世の中にはあるのだということをおしんが知る。働いてお金を得ることの大変さをおしんは知り始める。この作品の核心に触れるくだりです。おしんはその疑いから始まった出来事全体について、母に謝ったのです。お互いにそのときのことをもう一度持ち出したりはしないまま、わかり合える２人なのです。

何を受けてその台詞があるのかを読み取って下さい。核心につながる大事な台詞ほど何の脈略もなく書かれていることが多いのです。

『おしん』の撮影現場

省略されている重要なト書きを考える

今までずっと見てきたように、脚本には全てが書いてあるわけではありません。それぞれの台詞をどう言ってほしいかを全て書き込むことはできるかもしれませんが、そんなものは存在しませんし、うるさくて読めたものじゃないでしょう。そして、しばしば重要な気持ちですら、省略されています。脚本は「そこまで言わなくてもわかってほしい」と言っているのです。

しかし演じるにあたって、俳優は一度はこの隠されたト書きを表に出して明確にしてしまわないといけないと思います。この台詞はこんな気持ちだから、こんなふうに言うべきなんだとか、ここは一瞬驚いてからしか言えない台詞だから、「驚いて」というト書きが実は省略されているんだな……などです。

それは、1人1人が読み取るものです。だからある程度解釈が違っていいと思いますし、違うから面白いんですよね。人がやることですから、正解はない。けれど「私はここはこうだと感じる、思う」、そこから始まります。そこには、あなたが一体どういう人間なのかが、表れてしまうことになるわけです。

それでは、『飢餓海峡』の場面を引用して、実際に考えてみましょう。私だったら、こう書き込みます。数字の部分に対応して私なりに解説していきます。

S＃61（後半）　花家・八重の部屋

暗い部屋の中で――
八重、鏡の前に羞恥を見せてうずくまっている。 1
その首に、犬飼の強さを思わせるようなみみずばれ。
背後に犬飼。

八重「あんた、私を軽蔑したでしょ。わかるわ、でもいいの」 2
犬飼「おれ、なにかあんたに言うたか」 3
八重「いいえ、なんにも言わなかった」
犬飼「そうか」
八重、鋏を、持って、犬飼の傍へ寄る。 4
八重「あんた、ちょっと手をだして……あれこんなに伸びて」
5 犬飼の大きな爪を切り始める。

犬飼「（凝っと八重を瞶めて）あんた、おっ母は死んだんか」6

八重「死んだわ。稼いで稼いで死んでった、母ちゃま……あんたは？」7

犬飼「あるよ」

八重「そんだばいいね」

犬飼「お父、どないしてんね」

八重「木樵、営林署の木さ伐ったり、山持ちの家に行って伐ったりよ。大きな弁当箱もって出かけるわよ。えどもね、この頃、神経痛が出たのでなかなか稼げなくなった。（片方をきり終って）はい、そっち」8

犬飼「あんたも貧乏なんやなぁ」9

八重「母さまが死んだ時にね、借金が出来たの。そいで今んとこ、あたしがなかなかこの商売やめられないのよ」10

八重、ふと犬飼のへちゃけた拇指に気付く。

（後略）

出典：『飢餓海峡』（監督・内田吐夢／脚本・鈴木尚之、1965年）脚本シーン61より（一部）

1 首を絞め合うような激しいセックスをしたので、その

2 そのみみずばれを触りながら、明るく笑って

3 無我夢中だったので、ちょっとボーッとした感じで

4 みみずばれは犬飼の爪が伸びているせいかもと思い

5 慣れた感じで、あたかも自分の子どもにそうするように優しく

6 爪を切る八重の姿に自分の母親を思い出してしまい、思わずじっと八重を見つめて

7 母のことを思い出し、しかし明るく歌うように自分に言う

8 父の姿が浮かび、自分に言うように

9 犬飼は自分も貧乏だと思っているが、次第に八重の身の上のことが気になってくる

（この気持ちがこのシーンの終わりで八重に大金をくれてやることになるのです）

10 自分のことを考え、自分に言う

いかがでしょうか？　随分うるさいヤツですね（笑）。それにそこはそうじゃないだろ、ダッサイ演出だなというツッコミも聞こえてきそうですが、まあご容赦を……。

ただ、これは私の解釈ではありますが、こんなに重要なト書きが実は隠され、省略されている可能性があることをわかって下さい。また、この書き込みは、私がこの脚本を

どう読んだのか何を感じたのかを示すことになるわけです。脚本の読解に自信のない人は、このような書き込み作業を練習のため繰り返してみるといいと思います。これは、自分にとって理解できない・わからない台詞やト書きをなくしましょう、ということです。あやふやな箇所があるままでは、台詞になりません。このト書きが実は何をしているのか、なぜそうするのかわかっていないまま、そこに感情を込めることはできませんよね。

全ての一行一行のあやふやな箇所をなくすまで、読み込んで、読み解いてみる。すると隠された言葉が見つかります。いい脚本だと、なんて素晴らしいことが省略されているのだろうかと感動があるはずです。そこに俳優として脚本を読む喜びのほとんどがあると言っても過言ではないでしょう。まさにテクストに向かう喜びですね。

作品に込められている膨大なバックグラウンド

また、もう1本の作品を使って考えてみましょう。沖田修一監督『横道世之介』です。上京して大学に入った世之介が友人とサンバサークルで踊ったり、お嬢様の恋人ができたりして青春を謳歌する様が描かれます。映画は16年後の登場人物たちの様子を織り交ぜながら進行し、ラスト近く世之介が、恋人の祥子がフランス留学に行くのを見送るシーンになります。脚本を読んでもらえれば、実はここが2人の別れの場面であることがわかるでしょう。引用します。

S#97　バス停（朝）

（前略）

世之介「ねえ、祥子ちゃん、そこにちょっと腰掛けてよ」
祥子「何でですか？」
世之介「いいから、いいから」
　祥子、ガードレールに腰掛け、座る。
祥子「自然なほうがよろしくって？」
世之介「あ、うん」
　祥子、アンニュイな表情で遠くを眺める。
世之介「・・・」
　世之介、シャッターを切る。

世之介「あ、間違った」
　フィルム箱の簡易露出計を確認。
世之介「あ、ちょ、そのまま、そのまま」
祥子「早く、早く」
　世之介、カメラを構え、もう一度撮る。

（後略）

出典：『横道世之介』（監督・沖田修一／脚本・沖田修一・前田司郎、2013年）脚本シーン97より（一部）

仲の良かった2人がなぜ別れることになったのか。脚本には明言されていませんが、私は次の部分にそれが示されていると思います。

世之介「・・・」
　祥子、アンニュイな表情で遠くを眺める。
　世之介、シャッターを切る。

ここです。世之介「・・・」とありますが、彼は一体何を思ったのでしょう？
私はここがこの作品の核心で、世之介は「祥子ちゃんはいつの間にこんなに大人になってしまったんだろう⁉」と思っているのではないかと推測します。世之介を一言で言い切るとしたら「永遠の子ども」です。彼は成長しないのです。ピュア、汗だく、一生懸命、どこまでも普通な、と形容詞をいくら連ねても世之介の核心はつかめません。「永遠の子ども」だから、横道世之介というちょっとメルヘンのような名前がつけられていたんですね。成長して世界に目を向け始めた祥子と、永遠の子どもは別れてしまうことになるわけです。正解かどうかはわかりません。それは脚本に書かれていませんからね。

世之介「・・・」

とあるだけです。ではなぜ、こんな大事なことを書かないのでしょう。それは、前述した通り、書かれていないことを読み取ってもらうことでしか伝えられないことがあるからです。ここを、

世之介「あれ、祥子ちゃん⁉　オレがいつまでも変わんないのに、祥子ちゃんいつの間
　　　にそんなに大人っぽくなってしまったのさ。オレのこと、置いていくなよ」

なんて書いてしまったら、陳腐ですね、すみません。こんなヤボなことになるわけです。ましてや心の中の全ては書ききれるものじゃない。書かないことで、逆に豊かさを獲得しているわけです。

この、世之介の「・・・」にこめられた思い、内容を、演じた高良健吾さんはもちろん、吉高由里子さんも絶対にわかっていたはずだと思うのです。

劇団民藝の宇野重吉さん（寺尾聰さんのお父様）が、チェーホフの「桜の園」を詳細に読み解いた本が存在します。チェーホフとは言わずと知れたロシアの劇作家兼作家ですが、そのチェーホフの三大戯曲の1つを演出家の目線から徹底的に分析したものです（『チェーホフの『桜の園』について』麦秋社、1978年）。

分析していくと1冊の本になるくらいの豊かな内容を持った戯曲であることもすごいことですし、それに向かう宇野重吉さんの喜びも伝わってくる素晴らしい本です。言葉として書かれていないところに、これほどの内容を内包しているのだと感動します。

全く同じことを皆さんに求めているのではありません。ただ、1冊の脚本にはそのく

らい膨大にバックグラウンドが存在する、それをわかってほしいと思います。

・・・

さて、第4章まで進んできました。今までのところを読み、考え、実践してきていかがだったでしょうか。初めてのことや慣れないことなどで、戸惑うこともあったでしょう。会話の全体にサブテキストが存在するところなどは、なかなかすぐには考えつかないかもしれません。必ずしも本書の通りの順番でこなしていかなくてもいいと思いますし、わからないところや、つかめないところはしばらく置いておいてもいいと思います。稽古や実践を重ねているうちに気づくことがあるのが当然ですし、悩みながら手に入れたものほど揺るぎません。

「ああ、こんなふうに脚本に向かうのか！」とか「こんな思いで脚本を考えたことはなかったです」など、さまざまな思いがあるかもしれません。もし自分に足りないところがあると感じても、そこで引け目を感じることはありません。今の自分の現状に気づけただけでも大きな前進だと思います。

ここまでで脚本の読み取りを中心にした章は終了です。さあ、次の章から実際に演技が始まります。

第5章

いざ、本番

現場手前・準備段階でやること

1章で脚本を、2章では役の捉え方を、3章では各場面ごとにアプローチする方法を学び、4章ではさらに深掘りしてサブテキストなど脚本の1行1行や、その行間も読む技を鍛えてきました。ここからは、いざ演技をしていくときに心掛けてほしいことを述べていきます。大きくは現場に行く手前でやること（準備段階）と、本番でやることの2つです。中にはこれまでに述べたことを、重要なので再度伝えている項もあります。

現場の手前の段階でする大事なことは、当たり前ですが「台詞を覚えること」です。そんなことに、何か方法のようなものがあるのかな、どうであれ台詞なんて覚えていればいいんじゃないの？　と返されそうですが、これが簡単なようで、意外と皆さんが気づかない盲点があります。

また、本番で演技するに際して、一体何を注意すべきかも詳しく述べていきます。ここは本書のなかでも実際の俳優たちの意見や日頃の信条などが最もたくさん集められていますし、彼らとの長い時間をかけた演技レッスンを経て、私の中に蓄積され淘汰された生きている言葉たちがまとまっています。皆さんの現在の悩みを解決するヒントが必ず見つかることと思います。

４章までのステップを着実に身につけてきた皆さんには、演技する土台が備わったはずです。さあ、準備はできました。あとは台詞を覚えて、キャメラの前・舞台の上に立つだけです。

台詞の覚え方１——まず「棒読み」。言い方を決めない

台詞は抑揚をつけて覚えてはいけません。抑揚とは口調・言い方のことです。抑揚をつけるとは「台詞の言い方が決まる」ことと同じです。台詞をどのように発語するかを、相手と演技する前に決めてしまうことはやめなければなりません。台詞は、

- 抑揚をつけない
- 口調を決めない
- 言い方を定めない

で覚えるのがいいのです。

抑揚をつけて覚えることがなぜダメなのかというと、その言い方には、すでにあなたが決めた感情が込められているので、相手がどう演じようと関係なく、そこで持つべき感情が先に決まってしまうからです。わかりますか？　相手があなたにどういう気持ち

で台詞を言うのかは、実際に一緒に演技してみないとわからないことですね。だから、相手の台詞を実際に聞く瞬間までは、自分の感情を開放して受け入れられる状態にしておき、聞いた瞬間に生じたあなたの感情で次の台詞を言うのです。

こう聞けばあまりに当たり前のことなんですが、台詞に抑揚をつけて覚えてしまうと、この当たり前のことがあなたの心の中で行われなくなります。この当たり前を人は日常会話の中で、ものすごく高速スピードで行っているのです。なのに、台本（現場が近づいたのでこう呼びます）で次の台詞が決められてしまうと、途端にできなくなる。相手の台詞を聞かずに、次の自分の台詞を用意してしまう。

また、できなくなるのが怖いから、そうしてしまうのかもしれません。オーディションやワークショップで、自分の部屋や公園、カラオケボックスなどで自分なりの解釈で言い方を決めて、台詞と芝居を1人で稽古してきてしまう人が見受けられます。それは基本的にやってはいけません。これはとくに「上手く見られたい」、「滞りなく芝居が進行するようにしなければならない」などと考え、自分のミスをなるべく少なくしようとする人に見られる傾向です。

しかし、芝居は今起こっているのです。今のあなたの感情がどう動いたかで、台詞を言うときの感情は変わるはずなのです。つまりそこで生きる時間を失ってしまうのですね。もう少し平たく言うと、本番で生じる生の感情を押さえ込んでしまってるわけです。そして、もう1つの大きな弊害が生まれてしまいます。監督・演出家のダメ出しに対応できなくなってしまうのです。「そこはその感情ではない」と言われて直そうとしても、言い方に決まった感情が含まれてしまっているので、気持ちを変えられなくなっているのです。これは「相手と会話する」の項目（209ページ）とも関係するので、参考にして下さい。

では、どうやって覚えるのか。それは「棒読み」です。ダーッと、自分の台詞だけを平坦な棒読みで全く滞りなく言うことができるように、覚えるのです。抑揚をつけずに言えるように覚えなくてはなりません。

これを初めて聞いた人は、とても不安かもしれません。感情の伴わない、棒読みの下手な演技になってしまうのではないか？　しかし大丈夫なのです。相手の台詞を聞いて、あなたの中になんらかの感情が生まれていれば、「棒読み」で覚えた台詞が、話された瞬間には感情のともなった台詞に変わっているのです。本当です（笑）。これは実践していく中で、感覚として確実にわかってくることだと思います。

台詞の覚え方2――「感情の流れ」から捉える

しかし、そうやって棒読みするとしても、大きなまとまりごとに覚えたほうが頭には入るはずです。なので、大きく「自分はこのシーンでこのような気持ちから始まって、このような気持ちになるのだ」ということを頭に入れるわけです。感情の変わる大きな転換点がある場合は、その前と後で気持ちがどう変わるのかを考えながら、覚えるのです。

しかし、これは前の項で私が言ったことと矛盾するように感じる方がいるかもしれません。相手の台詞から次の自分の感情が生まれるのだから、生じる感情を決めてしまってはいけない。そう伝えました。そうなんです。しかし、最終的にあなたが持たねばならない感情の方向は、すでにある程度台本によって定められています。ここが演技の面白いところでもあり、だからこそ難しいところでもあるのです。

これから何度か、この同じ矛盾・疑問に突き当たると思いますので、ここで触れておきますが、結論から言うと、演技とはこの2つのことを同時に行うものなのです。自分の感情の大きな流れは予定通りでありつつ、相手の芝居を受けて生じた生の感情で演技するのです。つまり頭（自意識や理性）が予定していることと、反応として生じる感情（感性や感覚）が同時に行われるわけです。台本で予定された方向で、感情的になってほしいのです。それをある程度、相手役と一緒に演技して決めていきましょう、というのがリハーサルの目的の1つなわけです。このような内容の感情をこのくらい持ちつつ（本番ではもっと出す予定で）、こういった動きの結果、最終的にこの位置関係になりますと決めていくわけです。俳優が予定もされておらず、事前の打ち合わせもなしに、つい本気になりすぎてしまい相手を殴ったり、全く違う位置に行ったりしたらNGなのです。感情的になりつつ、ある程度、最終的に俳優のやることはすでに決まっているのが映画であり、舞台なのです。そうでなければキャメラは追えず、ライトも決まらず、音も録れません。

この矛盾を同時に生きて下さい。大きな感情の流れをつかむのです。

台詞の覚え方3——とにかく負荷をかける

英単語や年号などもそうですが、負荷をかけて覚えると人間の脳はきちんと記憶を定着させます。自転車に乗りながら、料理しながら、台詞を言えるようになる。サッカー好きならリフティングしながら台詞を言い続けるのです。つまり何か他のことに気をとられても、台詞だけは自然に出てくるようになるまでやる、ということです。

以前、井口奈己監督の映画『犬猫』のＤＶＤ収録のメイキング映像で、俳優たちがトランプをしながら台詞を言い合っているのを見ました。まさに、これだと思います。友人たちの設定でしたから、俳優同士が仲良くなることも目論んでいたのでしょう。トランプの勝負がきちんと行われつつ、また自転車に乗りながら事故を起こさず、また料理しながら包丁で指を切りそうになる危険を避けながらでも台詞がすらすら言えたら大丈夫ということですね。

　また高速で台詞を言う稽古をする、という手もあります。よくテープレコーダー(古い！笑)・ボイスレコーダーに相手の台詞を吹き込んで、その合間に自分の台詞を言うという記憶法(稽古法)がありますが、その間隔をできる限り短くするのです。その短い時間で自分の台詞を言い切れるか。あやふやだったり、うろ覚えだと、時間内に収まりませんね。間違わず、滑舌よく高速で言い切るわけです。

　両方の暗記法に共通しているのは、負荷をかけてやるということです。ただ自分の部屋で台詞を言えるだけではダメなのです。その程度の覚え方では、何かに思いがけず動揺したときに、飛んでしまうのです。

　よく家で稽古していたときは完璧に言えたのに、現場に来てみるともう全くダメで、ひとつトチった途端に真っ白になってしまったという人がいます。実際の現場や発表の場のプレッシャーや緊張つまりその負荷よりも、より大きな負荷をかけて覚えてなかったからなのです。本番で何が起ころうとも、台詞だけは口をついて出てくる状態にまで覚えていることが大事です。台詞が出ないと芝居になりませんよ。他にどんな素晴らしい準備をしてきたとしても、あなたの台詞が出ない瞬間に、撮影は終わりです。舞台なら、翌日から別の役者があなたの役を演じているかもしれません。

また、他にも、ある俳優に教えてもらった記憶法を紹介します。自分の役に必要な台本の箇所全部を、平坦な読み方で素読して録音し、それを日常生活の中でただただ聞くのです。覚えようとして聞くのではなく、意識していなくても耳に入ってくるような状態を続けるのです。つまり、無意識に台詞を覚え込ませるとでも言うのでしょうか。どこかで聞いたことのある英会話の勉強法と同じですね。ただただ聞き続ける。何かをしながらでも、ただただ聞き流し続ける。その後、台本で自分の台詞をチェックすると、いつの間にか台詞が入っている状態になっているのです。

教えてくれた俳優はこの方法のほうが台詞の定着がしっかりしているので、自分には合うと言っています。著名な俳優の方の幾人かがこの方法を実践しているそうです。やってみて、自分に一番しっくりくる台詞の暗記法を見つけて下さい。

いざ、本番。緊張との付き合い方

さて、台詞も完璧に覚えて、いざ、ここからは本番でのふるまいについてお伝えします。

本番直前、緊張しますね。まず、緊張はするもんだと知っていて下さい。まさしく文字通り一世一代の大舞台で、緊張しない人はいません。生まれて初めて念願の監督の撮影現場に、台詞のある役で呼ばれた日。初めての主役で舞台の初日が開く朝。そして、まさしく本番が刻一刻と近づいてきて、緊張しない人はいませんね。

この緊張は、解く方法を知っていると緩和されます。まず大切なのは呼吸です。緊張しているときは、呼吸が浅く、胸のところで胸式呼吸でハッ、ハッとなってしまっているはずです。それを、お腹の下のほうまでゆっくり深く吸い込み、全部を吐き出すという腹式呼吸を繰り返してみて下さい。ゆっくりと何度かやってみて下

ワークショップ中の1コマ
協力:映画24区

さい。頭に酸素がまわって落ち着いてきます。大丈夫、物理的にそうなります。

また緊張を事前に防ぐ方法があります。なぜ緊張するかというと、そもそも不安だからですね。なので、やれる準備を全部やって不安要素をなくすことです。「もう私はやれるだけのことは全部やった、あれだけのことをやったのだから本番でやれないはずがない、もう何でも来い！」と思えていたら、緊張はしません。

しかし、それでも緊張していたらどうするか。そのときはもういいじゃないですか。笑って、緊張している自分を認めてあげることです。誰でもこうなるのだからいいのだよ、と。緊張してはいけないと焦らないのです。笑って自分の緊張を認めてあげましょう。すると身体が楽になってきます。そして、直前に今あなたがやらねばならないことをやればいいのです。

ものづくりとは

適度な緊張が集中力を高めてくれることは皆さんもわかっているはずです。ゆるくだらけた感覚からは役者に必要なビビッドな反応は出てきません。オーディションの待ち時間や現場の合間などにへらへら笑って雑談している役者より、1人集中してくれている人のほうが、必ず覚えているものです。緊張は若さや未熟さの特権です。逆に羨ましいくらいです。あとで思い返してみたら絶対に楽しいことなのです。歳をとって慣れてくると緊張が薄らぎ、めったにドキドキなどしなくなります。緊張を楽しんで下さい。そんな瞬間に出会えている自分を楽しむのです。

また撮影とは非日常な時間です。監督もスタッフも、ものすごく緊張しています。この日のこの時間のために、何年も何カ月も準備してきたのです。私も助監督の頃、現場直前の衣装合わせのとき、緊張のあまりもどしたこともあるほどです。またチーフ助監督という俳優のスケジュールを管理して現場を進行させる役割のときは、明日の撮影のことを考えて眠れないこともあります。夜中に夢を見て「あ、あの役者を呼び忘れた！」と飛び起きて、よく考えたら数日前にクランクアップ（撮影終了）していたんだと安堵するということが、何度もありました。

助監督でこれですから、監督の緊張たるやものすごいものがあります。夜は半覚半睡状態がほとんど、メシも喉を通らないような緊張が1カ月から2カ月と続くのです。現場中によく眠れている監督なんて、信用できませんよ（笑）。そしてまた夢を見るのです。クランクアップして数日後によく見るのが、ある現場にロケバスが到着して準備が始まるのだけど、監督の私が「あれ、今日ここのシーンやるんだっけ⁉　オレ、なんの準備

（つまりそのシーンで何をどう撮るべきなのかの勉強）もしてないよ！」という夢なのです。ハッと目覚めて、そういや撮影は終わってたんだ、と胸を撫でおろしてまた寝る。バカですね。それほど気を張って準備しているのだということです。

俳優部だって同じです。みんな、同じくらいのプレッシャーの中で現場にいるのです。というか、そこではみんなが最高のものを出し合おうとするから、当たり前に緊張が生まれるのですね。ハレの時間です。そして、その状態がもの作りの時間なのです。

さあ、演技が始まりますよ。

演技プランを一度捨てる

事前に一生懸命に考え、この場面でおれはこういう演技をこの動きでやろうと決め込んできて、その通りに演じてしまう人がいます。気がついてほしいのですが、実はこれは毎回自分の演技プランを相手に押しつけることになってしまいます。

自分で演技プランを考えて現場にもってくること自体は、とても重要なことです。本書の1〜4章は、実は、いかに脚本が要求する演技プランをつかんで、自分のものにできるかを述べてきたわけですからね。問題は、事前に決め込んでしまっていることです。

プラン通りに演じることが最優先になってしまっていることに問題があるのです。

こうすると相手が誰であろうと、また相手がどんな芝居をしてこようと同じ芝居をすることになります。用意したことだけをやってしまうのですね。はじめから台詞に抑揚をつけて覚えてしまうのと同じ理屈で、これはだめです。この芝居は演じる俳優の自意識が表に出てしまい、その自意識がこちらに見えてしまうからです。

演技プランは、あなたに生じる感情の後ろに隠れているべきなのです。観客はあなたが演じる役の人物を見に来ているのであって、あなた自身やあなたの演技の巧拙を見に来ているのではありません。役の人物を通して、脚本が作り出す世界を味わいたいのです。あなたの自意識は、観客にとって全くの邪魔ものなのです。

これは第3章の「役を生きる」（151ページ）で伝えたことと重なります。一生懸命あなたの人生をかけて考えてきた演技プランを、本番のときには一度捨てなければならない。その場で起こった相手との関係に身を委ねなければならないのです。そのシーンで持つべき「核心」だけを胸に、相手の前に飛び出してしまう。そして、そこで生まれた感情で演技するのです。

このように、想定した流れを一度捨ててしまうのは怖いことかもしれませんが、人間が生きているとは、そもそものように先が見えないようにしか存在できないということですから、そう生きてみるのです。上手くいきますよ。怖いけど、できるはずです。これはとても大事なことなので、後ほどの「相手と会話する」の項（209ページ）でまた詳しく述べます。

演技で「説明」してはいけない

プラン通りの芝居は、見ている側になんだか説明を受けているように感じさせます。「今、私はこういう気持ちなのでこういうことをしています」と言っている演技をしているのです。自分の演技を説明してしまうんですね（161ページの「ひとつの台詞にひとつのサブテキストとは限らない」を参照）。この状態だと、自分の感情が動かなくなっています。観客は「説明されたい」のではありません。あくまで見ている役の人物がどのように生きるのか、どのような気持ちなのかを感じたいのです。俳優のあなたがこうしたいんだという思いは役の人物の後ろに隠れて見えなくなっているべきです。

当たり前ですが、このように理屈が逆転した演技をいくらしても、観客の感動にはつながりません。あなたが用意したことが、用意したことに見えてはだめなのです。さも今そこで起こったこと、そこで言われた台詞で喚起されたものに見えなければならない。

もう一度言いますが、常に役者が持っている感情のほうが、意図よりも上にこなければならないのです。

そうするためには用意し、考え、準備してきた段取り、言い方、行為など全て事前に想定したものを一回捨てるのです。

プロで、上手だと言われている俳優はこの課題にどう向き合っているのかと言うと、「核心」と、ある程度の演技プランだけを持ってきて、あとは現場や監督・演出家から、そして相手から受け取ったもので演じる俳優がほとんどだと思います。

私の撮影現場では、最初から俳優に立ち位置やそれ以降の動線などを細かく指示はしません。この場所でこの芝居なら、最初はどこにいるのが良いでしょうと、それぞれの俳優と話し合いながら決めていきます。それから途中の芝居の大きな流れは、相手役の俳優と共に繰り返すうちに、自ずと定まってくるもので、立ち上がるタイミングがそれぞれの回で違ったりしたら、例えば「最初のほうがハッキリしていて良かったです」などと決めていく。あとはキャメラの狙いなどを含めて修正するうちにでき上がるものです。細かなプランニングをしてきていたとしても、この段階ではもう関係ありませんね。今でき上がりつつある芝居で感情が動くように変わっているわけですから。

プロの俳優は、監督や演出家の狙いや相手の出方を感じ、それに合わせて修正できる柔らかい気持ちで現場に来るのです。実は俳優に求められる最も大切なことの1つが、この柔軟さなのです。

常に1回目であることを忘れない

映画でも演劇でもお客さんが目にするとき、その物語のなかの出来事は初めて起こることです。演じる役者にとっては百数十回目であっても、お客さんは初めて起こることとして見ているのです。

あまりに当たり前ですが、これを忘れてしまう俳優がいます。さっき「よかった」と言われたから、あの芝居をなぞってみようと考えてしまう。またはあまりに大胆にやると、さっきつかめた感情が逃げていくような気がするので、さっきと同じようにやってしまう。「なぞった芝居」、つまり良かったやり方を繰り返す芝居は、明らかに初めて起こることに対する反応が鈍くなってしまっています。そこにあるべきビビッドな感覚がないのです。初めてその台詞を言うときめき、恐れ、言われた驚きなど、そういう鋭敏な反応が失われてしまっているのです。こうなるとなんとなくテンションが低いし、事実、相手にも観客にもそう伝わってしまいます。デリケートな部分ですが、観客はそれを実に敏感に感じます。

我々のような映画や演劇に携わっている人たちは、目に見えない人間の内部のものを扱っていますよね。怒りとか、嫉妬とか、憧れとか、あの子の手に触れてみたい衝動とか、ものすごく生理的だったり感情的だったりして、事務的に数値として処理できない感覚を相手にしています。だからこそ、我々はこの初めて行われることに対するビビッドな感覚を、ずっと持ち続ける努力をしなければいけないと思います。

これは俳優にとって、とても大切なことです。1回の本番、次の本番と、そのたびに初めて行われることなのだ、これが1回目なんだという人として演技するしかありません。

これは監督や演出家も同じで、何十回目だとしても、初めて見るものを見るつもりで臨むのです。前回、前々回を一度忘れて、新鮮に目を開いて見ようとします。前の回が良かったから、あのような演技をもう一度繰り返してほしいとは決して思わないように心掛けて、あなたたちの演技を見ているのです。実にしんどい作業ですが、そうしています。いわんや役者においてをやです。

監督の「大胆にやって下さい!」の意味

ただ、どうしてもやりすぎてしまい、最初の初々しい感覚が戻らないときがあります、人間だもの（笑）。そんなときは、少しだけさっきと違うことを取り入れてみるといいのです。ちょっとしたことで演技が活性化し、相手の反応も変わるので、こちらもそれに対応して新鮮にできるようになります。

若い俳優さんたちの中にときどき、この初めてであることを実に大切にしている方々がいます。浅野忠信さんが登場したとき、何か他の役者とは違うものを体現しているなあと感じました。ある種のビビッドなものが存在する。

相米慎二監督の作品『風花』の現場で、彼の芝居をリハーサルから見たことがあります。彼は一度として前の回と同じことをしません。反応のタイミングや間、台詞のニュアンスなどが少しだけ変わるのです。これが自分でそうしようと決めているのかどうかは聞いたわけではないのでわかりませんが、今度は相手の台詞をもっとよく聞いてみようとか、次はいらだちをもう少し溜め込んでみようとか、そんなふうにしているのだろうと推測します。基本的な動線を大きく変えてしまうのでは決してなく、微妙に違う感覚を持って相手に向かうのです。「新鮮にやること」にこだわっていることがひしひしと伝わってきて、感動しました。

この流れを受け継ぐ俳優さんたちが最近はとても増えたと感じます。邦画が隆盛になった恩恵ですが、例えば菅田将暉さんや池松壮亮さんがその代表格でしょうか。

私は『鉄人28号』で十数年前の池松さんと一緒にやりましたが、その当時から彼の本番に臨む気迫は尋常ではなかった記憶があります。時が経って、より彼のこだわりが作品を見ると伝わってきます。本番をライブのように生きること、これです。これが俳優・池松さんの最も大事にしていることの1つなのは聞かなくてもわかります。だって、そう見えるし、それが作品に生々しさを与えていることがわかるからです。

撮影の現場で、本番を何回やってもOKにならないとき、監督が役者にかける言葉は実は決まっています。「大胆にやって下さい！」です。つまり「なぞるな、新鮮に！」と言っているのです。こじんまりとまとまってしまう演技には力がありません。いきなり浅野忠信さんや池松壮亮さんのようにはなれないでしょうが、精一杯意識して違う感覚をもって臨んでみることはできるはずです。失敗を恐れず、思い切っ

『鉄人28号』

てやるのです。

相手と会話する

相手の話す言葉を聞き、内容を理解する。そして相手に言葉を届ける。これが会話ですね。日頃生きていて皆さんが当たり前にしていることですが、いざ演技で会話しようとすると、これができない。予定されている台詞を予定されていないように発語することが途端に難しくなるのです。次の台詞、次の行動が決まっているため、「あ、次はオレの台詞だ、間違っちゃダメだ」と身構え、相手の台詞を聞けなくなってしまう。

ハリウッドのある俳優は、このような役者がくると、わざと同じ台詞を繰り返して問いかけてやるそうです。「君はこれからどこ行くんだい?」「ああ、もう家に帰るよ」。そのあと、もう一度、聞く。「君はこれからどこ行くんだい?」。相手がちゃんと笑って、「だから、家に帰ると言っただろ」と答えてくれたらOKなわけです。つまり、「相手と会話する」とは、これから起こることを予定しない、ということですね。「演技で『説明』してはいけない」(203ページ)で述べたように、用意してきたことだけをやってはいけないし、用意してきたことを一度捨てるというのも、その場で次に起こることを予定してしまう・決めてしまうことを戒めているわけです。また「常に1回目であることを忘れない」（205ページ）とも関連して、あなたは初めて相手の台詞を聞いているのです。そこで、初めて次のあなたの台詞を発語しているのです。会話とはその連続ですね。

本来の自分を隠さない

青臭いことを言いますが、お芝居は自分を開放して裸の自分・素の自分を相手に見せることからしか始まりません。なぜなら演技とは、自分の本当の感情を使って相手とやりとりをすることだからです。偽りの、そう見せているだけの感情ではなく、自分の本当の感情のやりとりをするのです。それを観客に見てもらう。

つまり、あなたが本来の自分を隠したり、殻をかぶったままでいる限り、自分の本当の感情は発露しません。あなたが本当の感情をぶつけてこない限り、芝居の相手も本当の感情で返してくれたり、本性を見せたりしてはくれません。深いコミュニケーションが成立しなくなるのです。

作品中愛し合っている恋人同士を演じるのに、どちらかが自分のことを偽っていたら信頼関係ができず、表面をなぞるだけの芝居になってしまいます。相手の役者には、あなたが自分を開放していないことは敏感にわかります。人間ですから、それは伝わるのです。たとえ恋人同士ほどの深い関係の設定ではなくても、演技する者同士の間で「何かこの人は自分をさらけ出してくれてはいない。どこかに別の大切にしているものがあって、それを私には教えてくれないまま、私に接している」ことが伝わってしまう限り、本来の感情のやりとりをする演技には到達しません。

これは監督との関係でも同じです。自分を隠している人とは信頼関係が生まれませんから、主役になってもらうことなど不可能です。殻をかぶっている限り、芝居は成立しないのだと気づくことです。

自分の「本当の感情」を使う

しかし、ここでちょっと問題が残ります。「自分を隠している」「殻をかぶっている」のは、とくに若い俳優さんにとって結構自覚的にわかる／あえてそうしている場合と、無自覚でそうなってしまっている場合とがある気がします。自分で気づいている前者の場合は、演技の現場において自己を開放することを心掛け続けるしかないと結論できますが、後者の無自覚な場合はどうするべきか。

　しかし、これもあまり心配にはおよびません。ある程度のキャリアを積んだ監督や演出家または俳優と共に演技のレッスンを始めると、「自分を隠している」「殻をかぶっている」俳優の場合は、遅かれ早かれそれに気づかれることになります。相手はあなたにそのことを指摘してくれることでしょう。演技のレッスンがどこかセミナーや心理学のカウンセリングと重なるところがあるのは、この自分を開放することがどちらにとっても大切なことになっているからだと思います。

　繰り返しますが、演技するとは、ただそのような形をして見せることでは決してなくて、演技者の本当の感情を使うものなのです。スター、アイドル、女優など、芸能界はチャラチャラしたウソばかりの虚業の世界に思われるかもしれませんが、あなたが日頃目にしているドラマの演技の中でも、俳優たちは彼らの真実の感情のやりとりを行っているのです。本当のことを行っているから、感動するんです。歌手も同じですね。歌の内容はその歌い手にとって本当のことなのです。それが伝わってくるから、聞いているうちに泣いてしまったりするのです。

表面的な「声の出し方」は演技ではない

俳優は、自己を開放して自分の本当の感情を相手に示すことができ、さらにその上で常にそのときどきにそこで生まれた感情でしか芝居をしてはいけない、ということです。ここで、第3章「感情のレベルを定める」（136ページ）で述べたように、脚本から、例えばこの場面ではこのくらいの感情になるだろうと読み取ったとしても、しかしそのレベルに達しない、ちゃんと感情をゲットできないときにどうしたらいいのか、ということを考えてみようと思います。

よく見受けられるのが、例えば悲しみにくれなければいけない場面で、さも自分は悲しいんだという声を出す人がいます。自分が理解した台本が要求する（そして監督や演出家がこのくらいまで欲しいという）悲しみの度合いに対して、自分の内部に悲しみがないときや悲しさが足りないときに、哀れな声で、声の出し方で、悲しみがさもあるかのように表現してしまうのです。これは「演技」ではありません。悲しい声を出しているだけです。

先ほど、演技とは自分の本当の感情を使うのだと述べました。演技する瞬間に、自己の内部に悲しいという本当の感情が生まれたのなら、その感情に乗っけて台詞はただ言ってしまえばいいのです。ここが大事ですが、持ち得た感情に即した声を出して下さい、ということなのです。そうすれば悲しそうな声など出さずとも、観客にはちゃんと悲しみを伴った言葉として伝わるのです。また悲しそうな声を出すと、類型的なお芝居になります。あなたの内部に、あなたにしか生まれなかったオリジナルな悲しみの感情があったのに、どこかで聞いたことのある悲しそうな声のおかげで、そのオリジナルが損なわれてしまうのです。

ただ、何かの理由で持つべき感情が得られない場合があります。自分にかけてくる相手の演技の力が足りなかったり、自分の意識がその瞬間ちょっと別のことに気をとられて相手をうまく受けられなかったり。そんな場合に、持つべき悲しみに足りていないことがあるわけですが、そんなときでも自分の持てた感情以上の感情を表現しようとしてはいけないのです。持てた感情に従って演技し、台詞を言うしかないのです。足りない分を声で補おうとすると、出した声と感情との間に距離ができてしまいます。あ、今のはウソだなとバレます。人間ですから、それがわかるのです。

要求されている感情を持てる「実質」

しかし、実はこれをやっている人であふれています。映画の中でも、テレビドラマでも、舞台上にもいっぱいいます（笑）。そのようなやり方にOKが出ているのです。これは僕はおかしいと思います。お芝居ではなく、悲しいフリでお金がもらえるんだから。

こうして悲しみが演者の中に存在しないのに、撮影は進行し、舞台は幕が上がって出番がきてしまいます。いちいちその感情にこだわっていたら、撮影は終わらないし舞台は破綻します。なので、悲しいフリをするんですね、声で。到達目標レベルの声を出してしまうのです。

役者は、役の人物を演じるべき十分な準備をして、必要な瞬間に要求されている感情を持てるようにするのです。この役の人物として要求されている感情を持てるための内面的なもののことを「実質」と呼んでいます（2章でも説明しています）。この実質を現場に持ってくる。そしてそこで持ち得た感情をコントロールするのが、役者の仕事の最も大切なことの1つだと思います。

1 形が必要なときもある

しかし、これは難しいことを含んでもいます。形が必要なときがあるのです。

例えば、キャメラからずっと遠くで合格発表の掲示が行われていて、合格を知り飛び上がって喜ぶという芝居があります。しかし「嬉しさの感情があんまり持てなかったので、「飛び上がれませんでした、すみません」と言われても、困りますよね。こんなに遠くからキャメラは狙っているんだから、アクションだけでも大きくやってくれよ、となる。こんなときはやってしまったほうがいいのです。飛び上がった瞬間に思わぬ喜びがわき起こることだってあるのです。

私は今まで気持ちのことばかり言ってきましたが、こういう形が必要な瞬間が絶対に存在するんですね。悲しくなって、顔を覆って通夜の席を飛び出した未亡人をきっかけに、残された人たちでここのメインの芝居が始まるのに、未亡人役の女性が「すいません、気持ちが作れないので2時間もらえませんか？」と言っていては、撮影になりませんね。「いいから、きっかけなんだから、形だけでもやってよ」となります。

私はこの未亡人に、夫を失った悲しみがなくていい、と言っているのではありません。状況を見て下さい、と言っているのです。この状況の中で、大事なことの順番は何ですか？　と考えてみて下さい。私はずっと感情、感情と言ってますが、一番大事なことが感情ではない場合があるのだということなのです。

2 もし自分がその状況だったら……と考える

これは、もし自分だったらこの状況でどうするか？　どうするのが自分にとってリアルな反応か？　を現場で臨機応変に考え、すぐに演技に反映させてほしいということです。

ト書きにそう書かれていなくても、朝、教室に入って来て同級生がいたら、挨拶をしながら席に着くだろうし、仕事で疲れて自宅マンションに帰ったのなら、普段自分が家でまずすることをしながら、台本の行動をするのがいいと思います。これが抜け落ちる人がたくさんいます。

例えば『旅立ちの時』をワークショップでやったときのことです。家に遊びに来たダニーをローラが部屋に招き入れる場面があります。ト書きには「部屋に入る二人。ローラ、何か音楽でもとCDをあさる」とあるのですが、部屋に入ってすぐにその行動をとらないほうがいいのです。まずダニーを招き入れて、自分はどうなるのかを考えてみて下さい。「ジャーン！」と手を広げて、部屋に対するダニーの反応をうかがいますか？それとも貼ってあるポスターの言い訳をしたくなりますか？　男の子を自分の部屋に初めて入れたときに、ローラである自分はどうするんだろう？　と考えてほしいのです。気恥ずかしさから、ローラは逃げるようにまずCDのところに行きたくなる、と思ったのなら、そうすればいいのです。

また、例えば怒っている相手を説得しなければならないときに、台本にはその説得する台詞しか書かれていないとします。あなたがもしこの状況だったら、相手を落ち着かせるために、どこかに座らせてから話し出すと思ったら、ぜひそうして下さい。台本に書かれていなくても、状況があなたにそれを促したのです。

これはとても大切な問題を含んでいます。「演技する」とは、実はその現場であなたが生きてみて下さいと言われているんですね。そこに存在して、人としてやるべきことをやって下さい、と言われているんです。

誤解しないでほしいのは、わざわざ違うことをやってほしいと言っているのではありません。ト書き通りじゃなくていい、ト書きに書かれていることだけを忠実にやる人形ではないんだということです。

3 「普通に生きている感覚」を忘れないこと

学生の実習作品や自主映画の現場に顔を出すことがあります。若い監督たちがまず何を悩むかというと、事前に考えてきたコンテや絵コンテに想定された人物の演技や動きと、実際に俳優たちに動いてもらったものとが違いすぎることです。実際やってみたら、この人物がこのコンテ通りに動くのはおかしい、こんな演技にはならないと、現場で初めて気づくのです。パニックになってしまい、頭が真っ白になる監督はいっぱいいます。そこで構わず自分の想定のまま役者を動かし、生き生きとした大事なニュアンスを犠牲にして、人が生きていることに伴う呼吸をなくした芝居をキャメラにおさめて平気な顔をしている人もいれば、「監督、これおかしいよ」と、指摘されたことをきちんと受け止め、話し合って直していける人もいる。

監督になりたての頃、「いいか、いいもの撮るにはな、どんだけ他人《ひと》の意見が聞けるかだぞ」と先輩たちによく言われました。舞い上がって判断が鈍っている監督に、正しい方向を示してくれるのは年輩のスタッフだったり、年上の俳優さんたちでした。どこか日常から浮いている撮影現場で、「普通に生きている感覚」

『おしん』撮影中の1コマ

を忘れないのが、彼らだからです。

俳優も同じです。考えてきた演技プランと、現場で相手との間で生まれた感情と、そして監督や演出家から言われた方向性や修正点などを総合的に取り入れてテストを繰り返す段階で、あなたは普通に生きている感覚を忘れてはいけません。

あるタイプの監督は、自分のキャメラの撮り方に合わせて俳優を動かしてしまいます。「普通、人間はこんなとき絶対そうしない」、そう思ったらそう言うべきなのです。また、「この状態で相手にそうこられたとき、私の考えた役の人物だったらそうはならないと思います」と言って下さい。納得するまで話し合ってみるのです。

台詞の言い方と注意点

ここまでのことを振り返り、注意点を箇条書きしてみます。確認しながら読み進めて下さい。

悲しい台詞を悲しく言わない

悲しみがあなたの心の中に存在しないから、悲しいフリをするために台詞を悲しく言ってしまう。悲しそうに言ってしまうんです。気をつけないといけません。さも悲しそうに台詞を言うのはダサイよ、ということです。「表面的な『声の出し方』は演技ではない」の項（212ページ）で言っていることと同じですが、悲しい気持ちがちゃんとあなたの中に存在していれば、言い方はどうであれ、台詞は悲しみの伴った台詞になるのです。

素人の人や、棒読みの俳優が感情的になった瞬間など、とても感動的なときがありますね。ちゃんと感情を持てていたら、そのまま声を出しただけのほうが、台詞に作為が入らず、もろに感情があらわになって、感動させられます。逆に悲しみがちゃんとあるのに悲しそうに言うことで、あなたの悲しみがそのままあらわになることを邪魔してるよ、と言っているのです。

現場や業界の常識的な物言いとして、主役はちょっと大根くらいのほうがいいと言われていました。お客さんは「上手い芝居」「上手に台詞を言う芝居」を見に来ているのではなく、あなたの感情を感じて、心を揺さぶられたいのです。

台詞（言葉）は低めのストレートを投げる

よく頭の上から上方に抜けるような声を出す人がいます。または上に拡散するような声の出し方をする人です。これでは、言葉が相手に届きません。

また台詞を息で言う人がいます。息を吐くように、吐く息で台詞を言うのです。どこかソフトな印象を獲得したくてこうしているのでしょうが、これも困ります。台詞の内容が相手に届かず、そうしているあなたの意図だけが残る演技になってしまいます。

例えですが、台詞は雪の球を作るように、手でぐっと丸めて固めのボールにし、相手の腰の下辺りを目がけて低くストレートを投げる。ビュン！と投げるんです。山なりのゆるいボールではなく、低めのストレートです。つまり、ある程度のスピードと強さが必要だ、ということです。このように意識して発語してみて下さい。

私がいつも例に出す1950年代の女優さんたちがどういった発声をしているか、意識して聞いてみて下さい。原節子さん、高峰秀子さん、淡島千景さん、岸恵子さん、皆さん同じように「低めのストレート」です。それはこの発声法が一番内容が耳に届くからなのです。余分な虚飾を捨てて、素直に真っすぐお腹から声を出して、相手に届ける。そうすると、このような声の出し方になるはずなのです。

もう1つ大事なことがあります。「低めのストレート」で発声していてほしいのは、いずれどこかのタイミングでそうできなくなる瞬間が必ず訪れるからなのです。映画の後半、主人公は生涯経験したことのないほどの大きな試練に見舞われ、声にもならないような言葉を吐かなければいけなくなります。声を限りに叫びたくなる瞬間が訪れるのです。そのときは発声法なんてどうでもいいのです。あなたという存在が発する言葉を思いっきり吐き出せば良い。「低めのストレート」などどうでもよくなる瞬間がくるのです。だからこそ、それまではずっと低めに押さえておくのです。これも1つのメリハリの法則ですね。

撮影時の注意点まとめ

ここまでのことを振り返り、今度は現場での撮影に臨むときの注意点をまとめます。

リハーサル1回目の臨み方

何度か同じことを述べてきましたが、段取り・リハーサルの1回目に集中して下さい。そのタイミングで自分の最もいい芝居を出せるように準備することです。舞台であれば、全共演者が初めて一堂に会する本読みのときでしょうか。監督も共演者もあなたの気合いや思いをひしひしと感じることでしょう。

相米監督の『光る女』の本読みのことは忘れられません。その日は初めて役者が全員集合していましたが、その中にすまけいさんがいらっしゃいました。70年代に「麻薬のような舞台役者」と絶賛された俳優さんですが、訳あって20年ほどのブランクのあとに、また芝居を始めた方です。すまさんはほとんど台本に目を落とすことなく、他の誰よりも大きな声で、全く完璧に自分の台詞を読んでらっしゃいました。それはもう読むというレベルではなく、ほとんど本番の芝居なのです。もうスタッフも俳優陣も全員唖然！です。私は今でもすまさんとあのような時間を持てたことが、自慢の1つであるほどです。

ダメなのは、リハーサルだからといってゆるい感覚でやってしまうことです。大事なことをつかめないまま、本番を迎えてしまいます。ただし100％でやってしまうのもおすすめできません。あくまでも本番のためのリハーサル、助走です。

助走なのに最もいい芝居を、というのは矛盾ですが、その片鱗が出るように見せてほしいのです。「本番でもだいたいこうなります。もちろん、もっと良い芝居になってくると思いますが」というところまでのものを、出して下さい。

技術的な話になりますが、この段階で本気が入っていない演技は、あとの本番で変わってしまうのです。それはスタッフが困ります。リハーサルで固めた芝居に合わせて、技術スタッフは準備をするのです。

また逆に、感情過多になりすぎるのもダメです。リハーサルなのに台詞も動きも何をやっているか自分でコントロールできないほど、ただただ最初っから泣くモードになっている人がいます。当たり前ですが、泣けていれば何でもいいわけではありません。

カットバックのときに気を抜かない

カットバックとは、簡単に言うと、見つめ合っている2人を交互に映し出す映画の手法です。ある程度キャメラが引いたワイドなサイズで2人を撮っていたあとなどに、重要な会話が始まったりすると、カットバックで2人の顔や表情を、寄ったサイズ、アップで交互に捉えるわけです。小さく微妙な変化や、目線の動きだけで登場人物の心理を伝えることができるようになります。

この撮影のときには、たいていまず片方の側のお芝居を通してやり、その後もう一方にキャメラを向けて、その人の芝居を撮ります。なので相手を撮影しているとき、あなたは写っていないことがあります。または自分は背中や頭の端だけをなめて撮られることがあります。そんなとき注意しなければいけないのは、気を抜かず、トータルでお芝居を通したときと同じように台詞をかけてあげることです。相手の芝居を引き出すのです。何度も同じテンションを要求されますが、長くやり続けるとどうしてもだれて下がっていってしまうものです。相手の身になればわかることですが、頑張って気を持ち直し、丁寧に声をかけてあげることです。

映画をフィルムで撮っていた時代からデジタル撮影になって、映画の撮り方が大きく変わりました。編集のために素材を集めるというような感覚のやり方が増えたのです。なので、どうしてもアングルやサイズを変えて、同じ芝居を何度も撮ることが増えました。まだフィルムの時代は、「この芝居はこのカットのここを使うので、そのつもりで演じて下さい」、「ワンシーンワンカット（1つのシーンをワンカットで撮ってしまう映画の手法）でいきますので1回通して芝居にOKがでればそれで終わり、その代わり一生に一度しかできない演技を期待します」というようなことが行われていました。そんな撮り方がなくなり始めているのです。つまり、今は同じ芝居を何度も繰り返すことのできる技術や頑張りが必要とされているのです。

テンションを本番まで保つ

リハーサルやカットバックにも関係しますが、俳優の大きな仕事の1つがテンションを保つことです。役の実質を持ってきて、リハーサルでいい芝居が出せて、さあ あとは撮影の本番を待つだけ。そんなときにテンションが落ちてしまうことがあります。あれ、さっきの感覚がどっか行っちゃった？

当たり前ですが、本番に一番いい状態で臨んで下さい。段取り・リハーサルを超えるいいものを、本番で出すのです。俳優が段取りで涙を出してしまい、本番で出ずに悔しい思いをしたことが私も何度もあります。涙が出りゃいいってモンじゃないのですが、やはり本物の涙が画面で力を持つことはあります。涙が出るくらいの気持ちが存在するってことですから。リハーサルで泣いたことで気持ちが開放され、蓄えていた感情が蒸発してなくなってしまったら、もったいないのです。

また最近の撮影のときですが、主役2人のリハーサルをしていて「お、これならいけるぞ」と少し安心してしまい、食事を入れてから再開した途端、ヒロインのテンションがなくなっていたことがあります。メシを挟むべきではなかったのです。そのくらいデリケートなところで成立していた演技だったのだと、あとで気づきました。後の祭りですがね。その場面のその芝居は結局、その夜遅くまで粘ってもＯＫが出ず、改めて仕切り直さねばなりませんでした。たった45分の食事休憩が、こんな影響を及ぼすのです。テンションを保てるよう、あなたの感情をコントロールして下さい。待っている間に疲れてしまわないで下さい。あなたの最もいいものを本番で撮るために、現場はあるのですから。

私の映画『ごめん』でのナオコと父親の喫茶店のシーンのことです。ナオコ役の櫻谷由貴花さんの気分がなかなか上がらず、午前中はリハーサルで過ぎてしまいました。ここで撮れないとスケジュールが大きく狂って大変なことになっちゃうなと覚悟した私は、昼ご飯を食べずにテンションを保っていると、後ろで櫻谷さんが笑いながらお弁当をさも美味しそうにガバガバ食べているのです。大物です。負けました。人それぞれですよ。

自意識との付き合い方

芝居をしている最中、必ず何回か自意識がやってきます。「あ、次がオレの台詞だ。さっきもとちったから、今度はちゃんと言わなきゃ!」、「また緊張してしまってる、どうしよう?」、「ああ、またこんな自意識が訪れてしまった。早く消え去ってくれ!」などと、いろいろです。必ず、やってきます。これへの対処法です。

それはどんな演出家の方もアドバイスすることですが、もう一度、相手に集中するしかないのです。自意識は必ず訪れると開き直ることです。またきたけどしょうがないと思って、改めて相手に集中するだけです。それを繰り返せば、いつの間にか元の集中が戻ります。

自意識はどんな名優、どんなうまい役者にも訪れます。こない人はいません。ただ、そのときにあわてず、相手に集中し直せばいいことをわかっているから、問題が起こらないのです。

・・・

最後に、水野美紀さんから聞いた、「悲しみの水風船」を膨らませるという話を紹介したいと思います。悲しくて泣くシーンの撮影の日の過ごし方です。

朝、目が覚めると、まずお腹のみぞおちの下辺り（丹田）に小さな水風船をイメージし、そこに悲しみの水を入れ始めるのだそうです。朝食を食べて少しそれを悲しみで膨らまし、歯を磨いたあとにまた少し大きくする。ロケバスに揺られている間にもっと大きくし、現場に着いてメイクをしてもらっているあたりでは、もう随分大きくなりかけている。段取り・リハーサルのときは、もうパンパンです。決して割らずにそのままの状態を保って、いざ本番です。共演者からのきっかけの刺激がデリケートな水風船に触れて破れ、中の悲しみがさわーっと表に溢れ出す。そんなイメージで悲しみを扱う、と。

素晴らしいイメージだと思います。このイメージが水野さんのテンションを支えていたのですね。

以上、この章では、実際に演技するときに大事なことを述べてきました。演じられているものが、いかに今そこで本当に行われているように見えるかどうかが大切なのだという話を、ずっとしてきたように思います。しかし、リアルさは面白さと同じではないと言いました。ここに面白さをもたらす最も大きな要素が、俳優の「魅力」なのだと思います。

次がいよいよ最終の第6章「日々の実践方法」です。最後に俳優の「魅力」について、考えてみようと思います。

COLUMN

3

原節子さんのこと

この本で取り上げる脚本はどうしても日本映画黄金期1950年代のものが多くなってしまいます。何度繰り返し読んでも、尽きない魅力のある作品の宝庫だからです。中でも小津監督と成瀬監督の作品を扱うことが多いのは、私の好みが大きく反映されているのです。『東京物語』『麦秋』『秋日和』『山の音』『乱れる』『浮雲』など、純粋に面白い、面白すぎる。何回か繰り返し読んでも、飽きることがありません。そして、何回も読むと、原節子さん主演の作品はとくにそのヒロイン像にある一貫したものが存在することがわかってきます。

2015年の晩秋の頃だったと思います。若い女優さんから「原節子さんが亡くなったらしいですよ」とのメールがきて、ネットを調べたら訃報記事が見つかりました。2カ月ほど前9月に95歳で逝去されたとのことでした。いずれこんな日が来るだろうとは思っていました。数年前とっくに亡くなっているらしいとの噂が広まっていましたが、あの大女優が亡くなって何も報じられないはずがないと思っていたので、やはり今まで生きてらしたのだ、すごいことだなあと感慨が押し寄せました。

冬の日、芝居仲間を誘って鎌倉に原さんのお墓参りに行きました。花を手向けたのち、由比ケ浜でみんなでお酒を飲んで原さんのことを話しました。会ったことなどもちろんありませんがね。

この本を書くために『秋日和』の秋子のキャラをまとめていて、「亡き夫との幸せな青春があったのだから、私はもういいのだ。十分生きたという潔い感覚が、秋子の生き方を貫いてます。」と書いてみて、わたしははっと顔を上げました。これって、原さんご本人の生き方そのものじゃないか、と電気が走ったのです。どんな生き方をされたのかは有名なことですし、もちろん話には聞いてはいました。その女優人生には華やかで素晴らしい錚々たる作品歴があり、これからますますの活躍を期待されていたにも関わらず、43歳のとき小津安二郎監督の通夜に姿を見せ「私たちの映画はもう終わりましたね」と話して以降、50年以上二度と映画にも表舞台にも立つことはなくなっている、と。わかってはいたつもりです。しかし、ここまでぴったりと当てはまるように、役とその実生活がつながっていたとは……。

原さんが小津、成瀬作品で演じたヒロイン像は「明るく優しく花が咲いたような華やかさがあるが、芯にある種の古風で強情な強いものを持っている」となります。特に『秋日和』の秋子がこだわる「私はもう十分生きた」という感覚は、原さんの後半生そのものを示唆して余りあると感じて止みません。原さんは彼女が小津や成瀬作品で演じた役を実際に生きられたんです。逆もまた真であって、実際本当にそのような人だったから小津が起用し、成瀬組のキャメラの前に立ち続け、原さんは彼女しかやれない役を演じ続けることができたのでしょう。彼女が映画を作り、映画が彼女を作ったのです。つくづく、素敵な女性《ひと》だったのだろうと思います。本当に一度、お目にかかりたかった。

第6章

日々の実践方法

魅力とは

よくこんな質問を受けます。「オレ、売れるためにはどうしたらいいっすか?」。若い役者たちと一緒に飲んだりすると、本当によくされる質問です。そしてしばらく話していると「オレって、魅力がないのかなあ……」と続きます。確かに売れている役者には魅力がありますね。知的で聡明な雰囲気がある女優さん、何をやってもおかしみが感じられる中年俳優、どこかワルの匂いのする若手男優など。どうすれば、あのようになれるのか? 魅力的な俳優になるには何をすればいいのでしょうか? そこにはっきりした答えはあるのでしょうか?

実は私も教えてほしいです。ただし何らかの魅力を持てる方法がハッキリ存在するなら、みんながそうしているはずだとはわかります。元も子もない言い方をしますが、魅力的な俳優の魅力の部分は、努力して手に入るものではないと私は思います。いい役者になろうとして努力して生きていたら、ある日誰かが「あの俳優さん魅力的だね」と評価してくれているのを聞いたというようなことなのではないでしょうか。そのように、あとで他人から言われるものなのだと思います。つまり、それは努力目標にはなり得ないのです。なぜなら魅力は定義できませんからね。10人の魅力的な俳優がいたら10人分の違った魅力が存在する。またある人には魅力的でも、他の人には全くそうではない場合がある。魅力は数値化できない。しかし、魅力的な俳優は存在します。彼らの魅力はどのようにして得られたのでしょうか。

俳優としての魅力について

例えば1人の女優としての原節子さんの魅力を考えてみます。私は原さんをスクリーンの中でしか知りませんが、原さんのあの明るくほがらかで、それでいて芯にある種の強さを持ち、古風であって現代的で、おしとやかでもあり、酒が入ると本当に楽しく一緒に騒いでくれそうなあの感じ。コラム（232ページ）にも書きましたのでわかると思いますが、この魅力は原さんご本人の人柄の魅力なんですね。そのような人として生きてこられた人としての魅力が、映画の中で輝いているのです。

だとしたら、原節子さんのような魅力を持ちたいと思ったなら、原節子さんのように生きることがそうなる方法なはずです。原さんを真似ようとして始まったとしても、本当に何十年か原さんのように生きられたとしたら、あなたは原さんのような人柄の魅力を持った人として存在していることでしょう。しかし、原さんが最終的に持つ孤高の気高さのような強さを得ることができるかと言えば、無理だと私は思います。彼女の核心にあるどこかたった1人で生きているという強さは生半可なことで得られるはずがありません。それはあの原さんだけが唯一持っている個性だからだと思います。

また例えばリバー・フェニックスの魅力を考えてみましょう。あのどこか怯えた目をして、冷めているようでいて内部には熱い魂が燃えていて、やんちゃで、それでいて限りなく優しい感じ。あの魅力は努力で獲得したものでしょうか。そうではありませんね。あのような男として生きてきて、あのような男としてオーバードゥーズ（ヤクの過剰摂取）で死んだのです。『旅立ちの時』に出演したきっかけも、実は彼の両親が宗教団体で熱心な活動をしていたために、全米を転々と旅し続けるような生活を送っていた少年だったのですが、それを聞いたシドニー・ルメット監督がこの作品に出てみないかとオファーしたのです。彼の実体験だったんですね。

さて、リバー・フェニックスに憧れたとして、一体彼のようになれるんでしょうか？あの焦燥感や限りない憧れのようなものは真似しようとしてできるとは思えません。できたとしても、スターに憧れる凡人の劣等感がついてまわることになりそうです。モーツァルトとサリエリの関係です。どこまでいっても届かない、いたちごっこです。

例えば表面的な格好良さ、キレイさ、カワイさなどを追求して、数年だけでもいいから売れたい、活躍したいという人はどうぞそうしてほしいと思います。しかし、本当にそう思っていたらこの本をここまで読み進めてくることはできませんよね。途中でポイと投げ出したはずです。

原さんとリバー・フェニックスの2人の例から何が見えてくるかというと、最終的には人としての人間的魅力が俳優の魅力なのだということだと思います。それはたかだか数カ月の努力で身になるものではありませんし、誰かを真似ようとして獲得できるものでもありません。俳優とは人柄を売る商売なのです。あなたがあなた自身として、あなたが俳優として、そして人間としてやるべきことをやり続けるしかないということなのだと思います。その結果そのような人生を歩んだあなたが、あなた自身として、魅力的な俳優になって輝くことになるのだと思います。

日々の実践1——演技漬けになれる環境に身を置く

ではここからどのように演技を続ければいいのかを考えていきたいと思います。日々の実践で心掛ける大切なことです。

俳優になりたいとぼんやりと思っていて、たまにどこかの俳優養成のワークショップに顔を出して芝居してみたり、タレントスクールに所属はしているがレッスンは週1回だけで、前回と同じダメ出しをまたもらってしまったり、毎回振り出しに戻ってしまっている感じがする、という話をよく聞きます。しかし、そのような環境でそのような時間配分では、そうなって当たり前です。そうではなく、若いうちに一度は体ごと芝居漬けになれる環境を作ってみたらいいと思います。少なくとも3年くらいは、何よりも演技することを最優先で考え実践できる状態にして、没頭してみるのです。同じ監督や演出家、同じ仲間たちと日々共に演技し続けることで、自分のできること・できないこと、得意なこと・不得手なことなどが、必ず見えてくるはずです。そうやって俳優として生活を演技に捧げて過ごしてみることでしか出ない結果があると思います。

中途半端にしかやってこなかった人ほど、自分は本当はできるのだと高を括っていたり、根拠のない自信にしがみついていたりするものです。ある時期を演技に捧げた時間がある人は、謙虚なところがあります。自分にできないこと、不得手なことがわかっているからです。

当たり前ですが、努力すれば必ず売れてメシの食える俳優になれるなどとは言いません。第1章から第5章までで、私はいい俳優になるためのものを、技術として身につける方法があり、それを述べてきたつもりです。技術ですから当然そこに上手い下手があり、もっと言えば才能の有無が問われる部分があります。しかし、あなたに演技する才能があるかないかなどという疑問は、何年か演技に没頭してみて初めて答えが得られるものなのだと思います。

またもう1つ、このような生活を過ごすことで何がわかるのか。それは実は「あなたが芝居をどのくらい好きか」ということなのです。どんなに苦しくても稽古していられるのは、好きだからですね。ずっとバイト暮らしでもやっていられるのは好きだからです。実はそれが問われるのです。残酷ですが、続かない人はそれほど好きじゃなかったということです。ここはウソがつけません。強制的に芝居を好きでいさせることはできませんから。好きも才能なんです。あなたが何年も目が出ず、演出家からは「このヘタクソ！　やめちまえ！」と言われ続けているとしても、悔しいけど芝居することはとっても楽しいと思いながら演技できていたら、あなたに

『セブンティーン 北杜 夏』の撮影中の1コマ
協力:映画24区

は芝居が好き、という、実は最も大切な才能があるのです。

小日向文世さんも阿部サダヲさんも余喜美子さんも大杉漣さんも木村多江さんも吉田羊さんも、活躍する何年か前はあまり世間では名前の知られていない、知る人ぞ知るタイプの役者さんでした。皆さん、芝居が好きでたまらないから、映画が好きでたまらないから没頭してやっているうちに、現在のような境遇になったのだと思います。売れたい売れたいだけで、何年もは続きません。

日々の実践2――考えを文字にする・言葉にする

私の俳優養成ワークショップでは、みんなの前で発表された演技に感想を言うことを義務にしています。ぼーっと見るだけにならず、他人の芝居の良いところ・悪いところを言えるように見てほしいのです。そして思ったことを言葉にする。思ったことは言葉になって初めて存在するのです。頭の中に漠然とあることは、どこにもないのとイコールです。

感想が言えると、「じゃ、どうすればいい？」と次の質問がきます。そして、考えるのです。発言は賛同されたり、逆に否定されたり、反作用がありますが、それが次のあなたの演技につながるはずです。

脚本の読解も同じで、心の中で漠然と思ったことは、実は存在していません。身体の外、表に書き出してみて、初めて考えたことになるのです。考えたことを文字にしてみると、頭の中で考えていたこととなんだか違うことを書いているものです。これを、より自分の感覚で自分の考えたことに近づけようと推敲する。この作業が大切です。

こうしてアウトプットされたものだけが自分の考えです。実はこれはしんどい作業です。読みっぱなし、見っぱなしでいいならこんな楽なことはない。けれどここが頑張りどころです。

映画作りがまさにこのことの連続なのです。企画やプロットを読んで意見を言う。脚本が上がって、それを読んで感想を言い合う。その繰り返しで決定稿ができ上がって、いざ撮影です。俳優の演技を見て、意見、ダメ出しを言い、編集されたラッシュを見て、「ここがいい」、「ここはこう変えよう」と言う。最後の最後まで、まだ映画になってはいないものを見て、映画にするためには何をどうしたらいいのかを考え、言葉にする作業が続くのです。なので、言葉が鍛えられます。尊敬する大先輩の俳優に「今のはそれはそれでとてもいいと思いますが、このような方向のこういう芝居をしてほしい」ということを伝えなければいけないのです。

俳優も主役クラスの役を演じるときは監督やプロデューサーと役についての意見を交わさなくてはなりません。自分の言葉で自分の思って感じたことを相手に伝えるのです。文字にすること、意見を言うことで言葉を鍛えて下さい。

日々の実践3――作品と自分に徹底的に向き合ってみる

実は今日からすぐに俳優になれる方法があります。自分で映画を作り始めるのです。もし今、あなたが主役で映画を1本作るとしたら、どんなものにしますか？　それを考えることから始まります。この作業を始めた瞬間からあなたは映画俳優になっているわけです。だって、映画製作の実際が始まっているわけですからね。

しかし、ここに難問が待ち構えています。作りたい映画なんぞすぐにハッキリするさと思っていても、実はこれがなかなか決まらないのです。自分自身のことなのに、いや自分自身のことだからこそなのか、自分が本当に好きな映画がどんなものなのか、それがわからない、決まらないのです。これはつまり、あなたは俳優として本当にどんな作品に出演したくて生きているのかを問われているのですが、実は今までそんなことをちゃんと考えたことはなかった人が大半だからなのかもしれません。

私は監督になろうと思ったとき、この作業を徹底的にやりました。果たして私は一体どんな映画が撮りたいのかと、考え続けました。漠然と頭の中にあるお話を書いてみたり、好きな作品のタイトルをずらーっと並べてその共通点を見つけてみたり。そんなことをしながら結局オリジナルの脚本を何本か書いてみて初めてわかってきたのです。そうしないと見えてこなかったのです。自分のことなのに。それはつまり、「私は一体なんのために映画を撮りたいんだ」ということを考える作業だったのですね。なんだか大げさですが、私は果たしてなんのために生きるのかを考えていたのです。それでやっと出た結論、「どんな映画を撮りたいのか」がこれです。

「夏、ティーンエイジャーの女の子がある人と出会ってのっぴきならない経験をして、かけがえのない関係になる。その人は何らかの理由でいなくなってしまうのだが、その子はある秋の朝目覚めてみると新しい自分を発見している」

という話です。なんだ、ただの少女の成長譚、結局師匠の相米と同じ話か。『セーラー服と機関銃』じゃないか、と我ながら思いましたが、苦労して考えついたのがこれでしたので、やっぱオレはこの話がやりたいんだと開き直りました。

そんなとき、仕事をしていたあるプロデューサーと食事しながら「冨樫さんて、どんな映画撮りたいの？」と聞かれ、早速この3行の話をしました。どうせ飲み屋話だからと期待もせず、実際忘れていましたが、それから数カ月後、その人にある本を渡されました。「冨樫さん、これ」。読んでみて驚きました。その本には私が話したストーリーと全く同じ話が書いてあったのです。表紙に『非・バランス』とあります。「これ、一緒に作ろう」とその人は言い、私のデビュー作が始動しました。その人はサンダンスカンパニーのプロデューサー、木村典代さんという方です。私は本当に幸運にも、撮りたいものでデビューできた監督です。

作品ができ上がってからしばらく経って、実は私から撮りたい映画の話を聞いた木村さんは、会社中に「こんな話の小説を知りませんか？」と声をかけ、2カ月間会社ぐるみで原作を探してくれていたと知りました。そんなこと私に一言も言わずにです。ああ、なんとすごいプロデューサーに私は出会えたのでしょうか。

さて、話を戻します。あなたが自分の映画をどんな話にするかを決めるには、相当の時間がかかるはずです。自分に向き合う作業ですから、1年や2年はすぐに経ちます。しかし、このことを考える時間はとても貴重です。

繰り返しになりますが、もう一度考えてみましょう。映画を1本自分で作るからには、最も好きな作りたかった映画を作りたいと思うはずです。それは自分を映画に向かわせた作品は何だったかを考えることになるはずです。そしてそれは自分は一体何のために俳優をやるのかを考えることと同じことになるのです。

あなたは何のために俳優をしたいのですか？

どうしても1人で決められなかったり迷ってしまっているなら、誰かに相談して誘ってもいいと思います。気の合う同じように俳優を目指す友人でも、この間見て面白かった自主映画の監督に声をかけてもいいじゃないですか。とにかく具体的に動いてみる。すると何かが見えてくるはずです。どうであれ脚本が上がり、役者が集まり、スタッフが集まりだしたら、あなたはもう主演の俳優です。そして本当に撮影が始まったら、こんなに楽しいことはありません。映画作りとはなんて幸せなことだったのかと叫び出したくなるほどでしょう。

デ・ニーロやスタローンやカサヴェテスを知っていますか。みんな、本当にこれを実行して映画を作り、それが売れ、有名になった俳優たちです。今やハリウッドの役者の中でも大御所中の大御所ロバート・デ・ニーロですが、彼は若くて無名の頃、これも今や大監督中の大監督マーティン・スコセッシやブライアン・デ・パルマなどと一緒に自主映画を撮っていた仲間なのです。シルヴェスター・スタローンは無名のボクサーが世界チャンピオンに勝ってしまうという自分を投影した脚本を自ら書いて映画会社に売り込み、自分が主演であるという条件をとことん粘って認めさせ、本当に世界的大ヒットの主演映画『ロッキー』を作ってしまった役者なのです。ジョン・カサヴェテスは自分が作りたい映画のためにハリウッド作品に出演したギャラをほとんどつぎ込み、仲間を集めて自分の奥さんをヒロインにした、とことん自由な個人的作品群を撮り続けて死んでいった俳優です。みんな、映画を作るということに取り憑かれた男たちです。映画を作ることが生きることとイコールだなんて、なんて幸せな人生なんでしょうか。皆さん、幸せになりたくて生きてるんですよね？　映画を撮りましょう！　作品に向かうんです。

日々の実践4——よくある7つのクセを直す

演技するとき、誰にも多少のクセはあるものです。あまり気にならず、個性として許せる程度のものならそのままでいいでしょうが、監督や演出家に何度も指摘されるクセは直したほうがいいと思います。それが気になって、あなたの演技に集中できない、と言われているのですから。

クセそれぞれのケースごとに、その原因と、直す方法を探っていきます。

1 「台詞が一本調子だ」と言われる

いくつかの原因があると思います。

1つは全部の台詞に力が入っている場合です。『「感情の折れ線グラフ」を書いてみる』の項（143ページ）でも述べましたが、台詞は力が入るところと、入らないところつまり力を抜いたほうがいいところとに分かれます。感情の起伏が台詞に反映されないと、一本調子になりがちなのです。感情のメリハリが足りない、全部一生懸命ではだめなのです。力を入れないところが必要です。気持ちを強く持って出すところとそうしないところをハッキリ区別するといいと思います。

もう1つ、エロキューションを注意されて直そうとしている人の場合も一本調子になりがちです。エロキューションとは発声法のことです。「あなた、ちょっと呂律がまわっていないね」とか「もっとはっきりクリアに！」などと注意され、一言一言ハッキリくっきり話そうと思っている場合です。これも同じように、全部の台詞を丁寧に言い過ぎるのです。全ての台詞に同じような注意が向けられるので、均一化してしまいます。アナウンサーの養成学校に通ったことのある人にも、同じ傾向があります。例えとして適当かわかりませんが、小学生の学芸会の彼らの台詞の言い方を思い出して頂ければ、何がダメなのかわかると思います。みんながみんな大きな声で正確に力を込めて台詞を言うと、そうなるのです。

すべての台詞を丁寧に言ってはいけないのです。そこで、丁寧に言い過ぎず、「持てた感情に台詞を乗っけてあげる」という感覚で言うといいと思います。感情と台詞の間に距離ができることに問題があるのですから。

ちなみに声を張る人はこの傾向が強くなります。人より少し一本調子、平らなのが個性として定着している俳優さんもいますし、こういう方が感情的になるとものすごく感動させてしまう場合が多いですから、一概にダメとは言い切れませんけどね。

2 体が無駄に動いてしまう

不必要な身体の動きがどれだけお客さんにとって邪魔なものなのか、やってしまっている本人が気づいていないことが多いです。そのためにはキャメラで撮影して自分の芝居を見るのがいいと思います。もしくは、信頼できる演出家に見てもらうかです。

これにもいくつか原因があります。まず、緊張している場合です。演技する相手よりも緊張している自分に意識が向いているので、それを何かでごまかしたくて動いてしまうのです。無意識にです。緊張が去れば、なくなると思います。

他には、何らかの理由でこれも相手に集中しきれていないときです。同じように手持ち無沙汰な自分、自分を意識してしまっている自分をごまかしたいので（無意識にです）、手を頭に持っていってみたり、腕を組んでみたり、腰に手を当ててみたり、意味なく歩いてみたりしてしまう。

ここで表に出ているのは、日常生活での本人のクセである場合が多いのです。私はこういう役者には、一度距離を10mほど相手と離れて対峙させ、手も足も全く動かさずに棒立ちのままで台詞を相手にかけ、相手の台詞を聞くという稽古をやってもらいます。これを何回か繰り返すと、ほとんどが無駄な動きだったことが、自分でも体でわかってきます。その後、今度は相手に近づきたくなる瞬間がきたところで、初めて動いてもいいようにする。どうしても動きたくなるところまで我慢するのです。

日常生活で、人はいろいろ動きながら会話し、生活していますが、演技の中で同じことをするとうるさくて見ていられません。演技とは、極論するとその人物の中で生じているものを見せることであります。余計で無駄な動きは、それを邪魔してしまうのです。だからこそ、必要なときだけ動くんです。キャメラの前、舞台の上で体を動かすには理由が必要なのです。

3「芝居が小さい」「感情が表に出ない」と言われる

この2つは同じことが原因です。実はこの言葉でのダメ出しを何度も言われてしまう人が多くいます。引っ込み思案、人前が苦手など原因はいくつかあり、他人《ひと》より少し大人しかったり、控え目だったりするタイプの人も同じ傾向があります。何度も「小さい！」「伝わらない」と言われ、自分では大きくしているつもりでも、また同じダメ出しがきて、辛い思いをすることもあるかと思います。

これは大きな演技にしようと心掛けることで克服できるなら克服するしかないです。「感情のレベルを定める」の項（136ページ）で述べた通り、基本的にあなたが思っている感情の幅は監督の要求よりたいてい小さいのです。まず自分の陥りがちな感情の数値を、これでもかと思うくらい大きく高く考え直すのです。そして恥ずかしさを取り払って、思いっきりやってみる。頑張って大きく演じてみて下さい。

しかし、精神面や気合いだけではどう大きくしようとしても乗り越えられない壁があります。それを克服するには、物理的に変えられるものを変えてみることです。

1つはアクションのサイズを大きくするのです。「驚く」ときに、心の中だけで「驚く」のではなくて、例えばはっと思わず手を大きく広げて「驚く」のです。もっと大きくするには、「驚いて」飛び上がって後ずさりして、すっ転ぶのです。また「愛してる」

と伝えるときに、座ったままで「愛してる」と言うのではなく、立ち上がって頭をかきむしりながら「愛してる」と言うのです。

もう1つは距離、相手との距離です。「驚いた」ときに、ちょっとしか動かないのではなく、思わず「驚いて」5mほど後ずさるのです。また「愛してる」と離れたまま言うのではなく、離れているところから近づいて相手の手を取り、「愛してる」と言って抱きしめてしまうのです。

またもう1つは声の大きさです。はっと息を飲んで「驚く」のではなく、「エーッ！」と素っ頓狂な大声を出して「驚く」のです。また「愛してる」とつぶやくのではなく、場所や他人の目など全く関係なく大声で叫んでしまうのです。「愛してるんだーっ！」と。

この3つ、つまりアクションのサイズ、距離の変化、声の大きさを全て大きくしたら、あなたの演技も必ず大きくなっているはずですし、感情が表に出ているはずです。これは演技を表現技術として捉えたら、当たり前のことを言ったに過ぎません。実に基本的なことですね。しかし、このことを忘れている、または気づかない人がとても多く見受けられます。

しかし、ここで注意しなければならないことがあります。感情と演じる大きさとの間にズレが生まれてしまうことです。「驚いて」思わず「エーッ！」と素っ頓狂な大声を出して飛び上がって5ｍほど後ずさって、すっ転んだのなら、そうなるくらいの大きな「驚き」があなたの中で起こっていないといけない。そんなに「驚いて」いないのに物理的なサイズだけを大きくすると、「ヘタクソ！　全く驚いてないのに身体をそうしただけじゃないか！」と言われるわけです。あなたの「驚いた」大きさに合わせた、大きな演技が要求されます。

「愛してる」という感情表現も同じで、「愛してる」気持ちの大きさに合わせた大きな演技じゃないといけません。また小学生の学芸会の芝居を引き合いにしますが、大きな身振りを付けてやりなさいと演出の先生に言われ、その通りにやるのですが、そこに感情が伴わないので、そういう「学芸会のようなお芝居」になってしまうわけです。

しかし、こうは言いつつも、アクションを大きくしているとそれに準じて気持ちも大きくなることもありますし、全て気持ちありきで演技が成立しているわけではないのです。稽古においては形が先でも全然構いません。最終的に気持ちが伴った演技になっていればいいのです。

4 1人で芝居してしまう

「1人相撲を取るな」「勝手にやるな、相手を信じろ!」といった指摘は同じ意味で言っています。第5章でもお伝えしましたが、相手と会話できていない、相手の話を聞けないから起こる事態です。なぜ話を聞けないのか。それは自分の次のことを先に考えてしまうからです。上手く見せようとしているのです。

- 失敗しないようにしよう
- 台詞を間違わないようにしよう
- 相手に迷惑かけないようにしよう
- 自分だけは間違わないようにしよう
- 自分はこんなに考えてきているんだと見せたい

という気持ちが先にたっていませんか? だから自分の準備をしてしまう。相手がそう言わなくても、なぜか予定された次の台詞を言ってしまう。もしくは相手が誰であろうと同じ芝居を繰り返すことになるのです。

対処法は、やはり先を考えてしまうことを一度やめる、捨てるのです。不安かもしれませんが、これしかありません。台詞さえ完璧に入っていれば、できます。あなたがビクビクしていることでトンチンカンな芝居になってしまっていることのほうが悪影響だと認識することです。

5 鼻をする＆二度言う

2つは一見全く別のことに思われそうですが、実は同じ根っこを持っています。台詞を息で言ってしまう、呼吸に台詞を乗せてソフトな雰囲気を獲得するような話し方をするのも、ドモる感じを加えた言い方をする場合も同じです。これはクセというより本人の狙いです。それも、間違った狙いだと私は思います。やり続けてしまって、クセになっている人も多くいますが。

こういう人が何を狙っているかというと、リアルなニュアンスのある芝居にしたいということです。普段の生活で普通に話している感じを加えたいのです。しかし、私はあまりしないほうがいいと思っています。役の人物より、演じている俳優本人にお客さんの意識が向かいますから。

自分だけ芝居が上手いと思われたい人や、自意識過剰の人(失礼!)にこの傾向があります。見てもらわねばならない本来の演技を邪魔していると気づくことです。もっとシンプルに素直に芝居に向かったほうがいい。自分を飾らずに、なるべく余計なものをそぎ落として自分自身をバーン!と開放するしかないと心掛けて下さい。

映画でも演劇でも一緒ですが、観客が最終的にあなたの何を見ることになるのかというと、あなたの芯のところにある「核」のようなものを見るのです。これは見せようとして見せられるものでも、隠そうとして隠せるものでもありません。観客はあなたが人として最終的にどんな人なのかというところを見ているのです。これは飾れませんし、ごまかせません。小芝居をしていると小芝居をする人に見られていますよ、ということです。

6 自分の芝居を説明してしまう

クセとは違いますが、クセになってしまっているくらい注意されても、繰り返す人がいます。今の芝居を自分がどんなつもりで演じたのか、終わってから説明するのです。これはいけませんね。言い訳にしか聞こえませんし、実際言い訳なのです。

誤解を恐れずに言いますが、役者は見てもらってなんぼ、見て判断されたものが全てです。監督や演出家のほうが偉いと言っているのではありませんよ。本当はもっとできる、こんなつもりだったのでそうやって見てほしい。さまざまな気持ちがあるかもしれません。しかし、演技はなされた瞬間に判断されています。判断を変えさせるには、次にあなたがやる演技を見てもらうしかないのです。

7 日頃の自分が出る

頭に手をやったり、髪の毛に触って話すクセのある人は、芝居中もそうしてしまいますし、日頃、人の目を見ないで話してしまう人は、芝居中も相手の目をなかなか見られません。注意されてそのときは直りますが、何か別のことに気をとられたりすると復活します。この日頃のクセは、直すのに時間がかかることがあります。

また、普段ほとんど怒ったことがない、今まで声を荒げて人に怒鳴ったことがないという人がいます。こういう人はこっぴどく怒る演技がなかなかできません。できないという言葉が言い過ぎなら、できても熱量が足りないことが多い。

同じように、実生活でほとんど泣かないという人がいます。どんなに悲しい辛いことがあっても、私、涙が出ないんです、と。こういう人を、激しく泣いてもらわねばならない悲劇のヒロインにすることはまずありません。残酷なようですが、人には涙腺の固い人と、柔らかくてすぐに涙が出る人と2タイプいます。それが良い・悪いと言っているのではありません。芝居で泣けない人は演技がだめなのではなく、涙腺が固い場合があるのです。

当たり前のようですが、演技には日頃の過ごし方や、今までどのように生きてきたか、つまり「どんな人なのか」が出てしまいます。普段が丁寧で上品な人はそのように、日頃ちょっと雑でいい加減な人は、そのように写ります。「富樫は演技で〝その人になること〟をずっと語っているのに、人は日頃の生き方から自由になれないと言っている」と言われそうですが、そういう極論ではありません。

例えばあなたが『乱れる』の幸司の役をやったとき、「あなたが演じる幸司」を、お客さんは見るのだということです。幸司になれるのなら誰でもいいというわけではないのです。だからこそキャスティングという仕事が大事になってくるのです。芝居にはあなたの人柄が出てしまいますよ、取り繕えませんよ、ということです。

毎度おなじみの小津安二郎監督の映画で考えてみて下さい。原節子さんが演じている役があります。自信を持って断言できますが、私は原さんご本人が演じられた役そのままの人であったろうと思います。明るくて優しくて、それでいて心の真ん中に絶対に他人には譲らない強固な意志を持っている素敵な人だったと思います。笠智衆さんもきっと同じで、笠さんが小津組で演じたそのままの人であったでしょう。

あえて極論しますが、本当に素敵ないい人を演じられるようになるには、あなたが本当に素敵ないい人になるしかないのです。「俳優としての魅力について」の項（237ページ）ですでに述べましたね。どうも私はこの話が好きみたいです。

日々の実践5――自分の方法を編む

本書には「いい演技」をするため、段階ごとにさまざまな方法を凝縮しましたが、あなたにとってどの方法を選べばいいのかは書かれていません。それを決めるのはあなたです。脚本に向かって、作品に向かって稽古し、作り上げて発表して、あ、このやり方が上手くいったと選んでいく。そこに近道や王道はありません。長年やり続けていれば自ずと自分なりに作品に向かう方法ができてくるでしょう。しかしそれも作品ごとに同じではないはずです。

「どうしたら早く上手くなれるでしょうか?」

「一番いい勉強方法はなんでしょうか?」

よくされる質問ですが、これは何年か頑張って自分に最もいいであろう演技の稽古法を模索してから口にしたほうがいいです。けれど、何年か本気で頑張ったら、こんな質問はしなくなります。そこに王道はないと気づくからです。

日々の実践6――映画を見る

俳優になりたいのは映画が好きだから、舞台やテレビドラマが好きだからですよね。それなのに、映画や舞台をあまり見ない役者がいます。見ることが義務や勉強だと思っているうちは、映画館に行って映画を見る、劇場に行って舞台を見るのはハードルが高いかもしれません。勉強より彼氏や彼女と遊んでいるほうが楽しいですからね。

最初は好きな見たいものだけ見ていればいいと思います。興味が湧かないものは無理して見なくていいのです。けれど、俳優として生きていくのなら映画を少なくとも年間100本は見てもらいたいと思います。義務や勉強の意識ではなく、面白がって見てたら、いつの間にか100本超えていた、が理想です。100本見れば自ずと自分の好みがわかってくるし、興味の幅が広がってくるはずです。そのうち、友人のベストワンが気になるだろうし、演出家に勧められたものでも、何かの本で気になったものでもなんでも見ている自分に気づくはずです。映画や演劇などの表現に触れなくても生活ができるのなら、役者じゃなくていいのかもしれません。残酷ですけど。

ある女優さんが「見たい舞台はどんなにお金が高くても絶対見る。フリーでバイト生活だからと言って、お芝居のお金をケチっていたらやりたいことをやる人生じゃなくなる」と言ってました。いいですね。彼女はたまにくる映像の仕事をやりながらも、あんまりお金にならない舞台にも精力的に出続けています。拘束時間の長い舞台の稽古はそれだけで生活が大変でしょうが、彼女は好きな舞台を見まくりながらイキイキとした顔をして生きている。ああ、こんな俳優が日本の映画・演劇界を下から支えているんだなあとつくづく思います。応援していますよ。

左が、(一部)本書でも触れた主な映画のリストです。どれも基本的に私が映画館で見て、感動したり、心に残ったりしている作品だけを選んでいます。繰り返し見るのに耐える面白い作品ばかりです。参考までに。

- 小津安二郎監督『東京物語』『麦秋』『秋日和』『小早川家の秋』『浮草』
- 成瀬巳喜男監督『浮雲』『山の音』『乱れる』『流れる』『乱れ雲』
- 豊田四郎監督『夫婦善哉』
- 内田吐夢監督『飢餓海峡』
- 今村昌平監督『赤い殺意』
- 深作欣二監督『蒲田行進曲』
- 相米慎二監督『翔んだカップル』『魚影の群れ』『東京上空いらっしゃいませ』『お引越し』『あ、春』
- 橋口亮輔監督『ハッシュ!』

・沖田修一監督『横道世之介』
・マイケル・カーティス監督『カサブランカ』
・シドニー・ルメット監督『旅立ちの時』

役者として生きる情熱はあるか

最後に、私が俳優を目指す人たちに大事にしてもらいたいことを3つ述べておきます。

1 情熱

情熱です。演技をする際に最も必要なものが情熱です。

映画というものは人間の一生の一番劇的な時間を凝縮して見せることの多い表現形式です。どうしても激した感情を表に出すことが多くなります。生きる・死ぬの境目で戦う激しさが要求される。早朝の5時6時に新宿西口郵便局裏に集合してロケバスに乗り、朝の8時半には素っ裸で愛してるだの、生きるの死ぬのとやっているわけです。情熱なくしてできる仕事じゃありません。決して激しく表に表さずとも、内に燃えさかるものがあることを感じさせてくれる役者がいます。隠そうとしても出てきてしまうくらいの情熱が内部にあるということです。

役者を続けていくのにも情熱は必要です。売れずにバイトしながら10年間も演技をやり続けるには情熱がいるんですね。監督や演出家に、人間として扱われないようなダメ出しをもらっても、やり続けるには情熱がいる。映画や芝居が大好きなら、多少どんなことがあってもやり続けられますが、好きで居続けられるのも才能です。好きでいられるには「情熱的な好き」じゃないといけません。他愛のない好きじゃなく、情熱的な好きなのです。実はこれは努力で持てるものではありません。残酷ですが。

ダスティン・ホフマンがアクターズスタジオのインタビューで「役者で食えなくったっていいじゃないか」と話していました。仕事として成立していなくても役者をしていられるなら、それでいい、と。目からウロコでした。

「あんたそれ15年もやってて、それで生活が成り立たないのなら辞めたほうがいい」と言われたなんて話をよく聞きますね。大の男がメシが食えないものを仕事だなんて言うな、辞めちまえ、とね。いやいや、メシ食えなくていいんですよ。好きでやれているなら、メシなんか食えなくってもいいんです。さすがダスティン・ホフマン、いいこと言うな、その通りだなと思いました。役者やってて幸せならいいんです。ただ幸せじゃなくなるときがきてしまうこともあります。人生ですね。

2 役の実質を持つ

耳タコで言い続けたことですが、最後なので繰り返します。

「役の実質を持つ」とは、脚本から役の人物の「核心」をつかみ、それを自分の身体に染み込ませ、はらに落とし込んだ状態です。つまり演技する俳優が役の人物になってしまうことです。目標はここだと思います。

3 秘密の三原則

最後に皆さんにこの秘密の(笑)三原則を贈ります。なぜ、秘密なのかというと、今までできっと誰もこんなことを表立って言ったことはなかったと思うからです。

他人よりもちょっと、

1．早く

2. 明るく

3. ファニーに！

重く暗くじっとりとセンチメンタルには誰でもできるし、こういう芝居をする人はたくさんいます。間が多くて長くて、すぐに涙を流しそうに顔を歪めて、声を震わせて悲しい声を出す人です。もしすでに現場を踏んでいたり、ワークショップに参加しているなら、こういう人によく出会いませんか？　こうやったほうが楽なんです。あまりものを考えずにできてしまうから。

間がたくさんあって長いと、重くなります。悲しい気持ちがちゃんと役者の中にあれば、それを明るく軽く出したほうが、実は悲しみがよりよく伝わるんです。そこにおかしみが加わるほうが、豊かになるのです。けれど、これは高級です。ちょっと難しい。考えつかない。だからみんな楽なほう、暗いほうに転ぶのです。今、私がいいと思う俳優さんたちは皆さんこれをわかっています。

他人よりちょっと早いタイミング、早いスピードで台詞を言ってみて下さい。深刻にならず、他人よりちょっと明るく軽い感覚で芝居してみて下さい。そこに人としてのファニーな、あるおかしさを忘れないように心がけて下さい。あなたの演技が変わるはずです。「あれ、なんだか一皮むけたねえ！」と言われますよ。何より演技することが楽しくなるはずです。楽しくなりたくて、芝居しているのですから。

これ、鉄則です。この3つ、ぜひ覚えておいて下さい。

おわりに

　私にとって初めての本を書くにあたって実にさまざまな方からのご好意とご協力を頂きました。心血を注いだ脚本や作品の内容の引用を心良く許可して頂いた監督・脚本家・権利者の方々、現場やレッスンの場での出来事を取り上げさせてくれ、また自分の訓練・演技方法などを惜しみなく教えてくれた俳優たちに心からお礼を申し上げます。本文中でも言及しましたが、ここに書かれていることは演技に関わる時間の中で皆さんから私自身が学んだことの集積であり、私一人だけで考えた内容ではないことを改めて記しておきたいと思います。

　最後に、私にこの本を書くきっかけを提供してくれた映画24区の三谷一夫氏、そして私のとっ散らかった文章をいつも笑顔で我慢して最初に読んでくれ、濃い霧の中で見失った目的地を指し示してくれたフィルムアート社の二橋彩乃さんにはいくら感謝しても足りません。

2004年の中越地震の折り、土砂崩れで埋まった車に潜り込み、親子を助け出したレスキュー隊員の若者にインタビューする模様がテレビで流れました。「余震が続く中、どんな気持ちでした?」と問われ、「覚悟しました」と彼は答えました。死ぬ覚悟をした、と言ったのです。「ああ、こんなふうに人の命を救う仕事をする人生もあるよなあ」とふと漏らしたら、家の者に「何言ってるの、映画がどんだけの人を救ってると思って」と言われました。

映画は人の人生を変えます。そんな素晴らしい仕事を皆さんは目指しているのです。売れるとか売れないとかじゃなく、一緒にいい映画を作ろう! そう言える俳優になって下さい。私の夢はいつか「オレ、この本を読んで、ずっと稽古していたんです」という若者と一緒に映画を作ることです。

現場でお会いしましょう。私もそうなれるように、頑張ろうと思います。

冨樫森

2017年11月

掲載作品DVD情報

本書発行時のデータです

『鉄人28号 デラックス版』
DVD発売中: ¥3,800＋税
発売元:NBCユニバーサル・エンターテイメント

『ごめん』
監督:冨樫 森
DVD発売中
発売・販売元:バンダイビジュアル

『星に願いを。』

冨樫 森（とがし しん）／映画監督

1960年 山形県生まれ。立教大学文学部卒。フリーの助監督を経て、1998年相米慎二総監督のオムニバス映画「ポッキー坂恋物語 かわいいひと」の一編を初監督。2001年『非・バランス』で長編デビュー、思春期の少女を瑞々しく描きヨコハマ映画祭他で新人監督賞。以後の作品に『ごめん』『星に願いを。』『鉄人28号』『天使の卵』『あの空をおぼえてる』等がある。2013年『おしん』は中国金鶏百花映画祭国際映画部門最優秀作品賞及び山路ふみ子映画賞を受賞。2016年念願の舞台「解体されゆくアントニン・レーモンド建築 旧体育館の話」（オノマリコ作）を初演出した。特に新人や若手の演出に定評がある。また日本映画大学にて学生を指導すると共に、映画24区スクールで長年に渡って俳優育成に携わっている。

俳優の演技術

映画監督が教える脚本の読み方・役の作り方

2017年12月25日　初版発行
2024年　1月20日　第5刷

著者　冨樫森
編集　二橋彩乃（フィルムアート社）
ブックデザイン　齋藤知恵子（sacco）

発行者　上原哲郎
発行所　株式会社フィルムアート社
〒150-0022
東京都渋谷区恵比寿南1-20-6 第21荒井ビル
TEL 03-5725-2001　FAX 03-5725-2626
http://www.filmart.co.jp/

印刷・製本　シナノ印刷株式会社
ISBN978-4-8459-1646-7 C0074

フィルムアート社　好評既刊

3刷

俳優の演技訓練

映画監督は現場で何を教えるか

三谷一夫＝編著

224頁／定価1,900円+税／ISBN 978-4-8459-1200-1

最前線で活躍する
日本の映画監督24名による
「俳優」指南書

【三谷一夫（映画24区）×**金世一**（韓国俳優／演技トレーナー）**対談】**

【登場する映画監督】

井筒和幸／安藤モモ子／橋口亮輔／李闘士男／冨樫森／井坂聡／矢崎仁司／前田哲／平山秀幸／大谷健太郎／谷口正晃／金田敬／天願大介／武正晴／田口トモロヲ／吉田康弘／冨永昌敬／滝本憲吾／行定勲／永田琴／篁昌也／豊島圭介／三原光尋／犬童一心

2刷

俳優の教科書

撮影現場に行く前に鍛えておきたいこと

三谷一夫＝著

256頁／定価1,800円+税／ISBN 978-4-8459-1454-8

俳優として仕事を続けるために
必要な技術を、
業界のリアルな事情をもとに
全方位的に解説

【現場を知る、豪華インタビュー収録!!】

俳優：鈴木亮平
映画監督：中野量太（『湯を沸かすほどの熱い愛』）
芸能事務所（ホリプロ）：津嶋敬介
撮影：鈴木周一郎
録音：石寺健一